清　張廷玉等撰

第三册

卷三一至卷三九（志）

中華書局

明史卷三十一

志第七

曆一

後世法勝於古，而屢改益密者，惟曆爲最著。唐志謂天爲動物，久則差忒，不得不屢變其法以求之。此說似矣，而不然也。易曰：「天地之道，貞觀者也。」蓋天行至健，確然有常，本無古今之異。其歲差盈縮遲疾諸行，古無而今有者，因其數甚微，積久始著。古人不覺，而後人知之，而非天行之忒也。使天果久動而差忒，則必差參淩替而無典要，安從修改而使之益密哉？觀傳志所書，歲失其次、日度失行之事，不見於近代，亦可見矣。夫天之行度多端，而人之智力有限，持尋尺之儀表，仰測穹蒼，安能洞悉無遺。惟合古今人之心思，踵事增修，庶幾符合。故不能爲一成不易之法也。

黃帝迄秦，曆凡六改。漢凡四改。魏迄隋，十五改。唐迄五代，十五改。宋十七改。金迄元，五改。惟明之大統曆，實卽元之授時，承用二百七十餘年，未嘗改憲。成化以後，交食往往不驗，議改曆者紛紛。如俞正已、冷守中不知妄作者無論已，而華湘、周濂、李之藻、邢雲路之倫頗有所見。鄭世子載堉撰律曆融通，進聖壽萬年曆，其說本之南都御史何瑭，深得授時之意，而能補其不逮。臺官泥於舊聞，當事憚於改作，並格而不行。崇禎中，議用西洋新法，命閣臣徐光啓、光祿卿李天經先後董其事，成曆書一百三十餘卷，多發古人所未發。時布衣魏文魁上疏排之，詔立兩局推驗。累年校測，新法獨密，然亦未及頒行。由是觀之，曆固未有行之久而不差者，烏可不隨時修改，以求合天哉。

今采各家論說，有裨於曆法者，著於篇端。而大統曆則述立法之原，以補元志之未備。回回曆始終隸於欽天監，與大統參用，亦附錄焉。

曆法沿革

吳元年十一月乙未冬至，太史院使劉基率其屬高翼上戊申大統曆。太祖諭曰：「古者季冬頒曆，太遲。今於冬至，亦未善。宜以十月朔，著爲令。」洪武元年改院爲司天監，又置回回司天監。詔徵元太史院使張佑、回回司天太監黑的兒等共十四人，尋召回回司天臺官鄭阿里等十一人至京，議曆法。三年改監爲欽天，設四科：曰天文，曰漏刻，曰大統曆，曰回回曆。以監令、少監統之。歲造大統民曆、御覽月令曆、七政躔度曆、六壬遁甲曆、四季天象占驗曆、御覽天象錄，各以時上。其日月交食分秒時刻、起復方位，先期以聞。十年三月，帝與羣臣論天與七政之行，皆以蔡氏左旋之說對。帝曰：「朕自起兵以來，仰觀乾象，天左旋，七政右旋，曆家之論，確然不易。爾等猶守蔡氏之說，豈所謂格物致知之學乎？」十五年九月，詔翰林李翀、吳伯宗譯回回曆書。

十七年閏十月，漏刻博士元統言：「曆以大統爲名，而積分猶踵授時之數，非所以重始敬正也。況授時以至元辛巳爲曆元，至洪武甲子積一百四年，年遠數盈，漸差天度，合修改。七政運行不齊，其理深奧。聞有郭伯玉者，精明九數之理，宜徵令推算，以成一代之制。」報可。擢統爲監令。統乃取授時曆，去其歲實消長之說，析其條例，得四卷，以洪武十七年甲子爲曆元，命曰大統曆法通軌。二十二年改監令、丞爲監正、副。二十六年，監副李德芳言：「監正統改作洪武甲子曆元，不用消長之法，以考魯獻公十五年戊寅歲天正冬至，比辛巳爲元，差四日半强。今當復用辛巳爲元及消長之法。」疏入，元統奏辨。太祖曰：「二說皆難憑，但驗七政交會行度無差者爲是。」自是大統曆元以洪武甲子，而推算仍依授時法。三十一年罷回回欽天監，其回回曆科仍舊。

永樂遷都順天，仍用應天冬夏晝夜時刻，至正統十四年始改用順天之數。其冬，景帝卽位，天文生馬軾奏，晝夜時刻不宜改。下廷臣集議。監正許惇等言：「前監正彭德淸測驗得北京北極出地四十度，比南京高七度有奇，冬至晝三十八刻，夏至晝六十二刻。奏準改入大統曆，永爲定式。軾言誕妄，不足聽。」帝曰：「太陽出入度數，當用四方之中。今京師在堯幽都之地，寧可爲準。此後造曆，仍用洪、永舊制。」

景泰元年正月辛卯，卯正三刻月食。監官誤推辰初初刻，致失救護。下法司，論徒。詔宥之。成化十年，以監官多不職，擢雲南提學童軒爲太常寺少卿，掌監事。十五年十一月戊戌望，月食，監推又誤，帝以天象微渺，不之罪也。十七年，眞定敎諭俞正己上改曆議，詔禮部及軒參考。尙書周洪謨等言：「正己止據皇極經世書及歷代天文、曆志推算氣朔，又以己意創爲八十七年約法，每月大小相間。輕率狂妄，宜正其罪。」遂下正己詔獄。十九年，天文生張陞上言改曆。欽天監謂祖制不可變，陞說遂寢。弘治中，月食屢不應，日食亦舛。

正德十二、三年，連推日食起復，皆弗合。於是漏刻博士朱裕上言：「至元辛巳距今二百三十七年，歲久不能無差，若不量加損益，恐愈久愈舛。乞簡大臣總理其事，令本監官生半推古法，半推新法，兩相交驗，回回科推驗西域九執曆法。仍遣官至各省，候土圭以測節氣早晚。往復參較，則交食可正，而七政可齊。」部覆言：「裕及監官曆學未必皆精，今十月望月食，中官正周濂等所推算，與古法及裕所奏不同，請至期考驗。」旣而濂等言：「日躔歲退之差一分五十秒。今正德乙亥，距至元辛巳二百三十五年，赤道歲差，當退天三度五十二分五十秒。不經改正，推步豈能有合。臣參詳較驗，得正德丙子歲前天正冬至氣應二十七日四百七十五分，命得辛卯日丑初初刻，日躔赤道箕宿六度四十七分五十秒，黃道箕宿五度九十六分四十三秒爲曆元。其氣閏轉交四應，併周天黃赤道，諸類立成，悉從歲差，隨時改正。望敕禮臣併監正董其事。」部奏：「古法未可輕變，請仍舊法。別選精通曆學者，同濂等以新法參驗，更爲奏請。」從之。

十五年，禮部員外郎鄭善夫言：「日月交食，日食最爲難測。蓋月食分數，但論距交遠近，別無四時加減，且月小闇虛大，八方所見皆同。若日爲月所掩，則日大而月小，日上而月下，日遠而月近。日行有四時之異，月行有九道之分。故南北殊觀，時刻亦異。必須據地定表，因時求合。如正德九年八月辛卯日食，曆官報食八分六十七秒，而閩、廣之地，遂至食既。時刻分秒，安得而同？今宜按交食以更曆元，時刻分秒，必使奇零剖析詳盡。不然，積以歲月，躔離朓朒，又不合矣。」不報。十六年以南京戶科給事中樂護、工部主事華湘通曆法，俱擢光祿少卿，管監事。

嘉靖二年，湘言：「古今善治曆者三家，漢太初以鐘律，唐大衍以著策，元授時以晷景爲近。欲正曆而不登臺測景，皆空言臆見也。望許臣暫罷朝參，督中官正周濂等，及冬至前詣觀象臺，晝夜推測，日記月書，至來年冬至，以驗二十四氣、分至合朔、日躔月離、黃赤二道、昏旦中星、七政四餘之度，視元辛巳所測，離合何如，差次錄聞。更敕禮部延訪精通理數者徵赴京師，令詳定歲差，以成一代之制。」下禮部集議，而護謂曆不可改，與湘頗異。禮部言：「湘欲自行測候，不爲無識。請二臣各盡所見，窮極異同，以協天道。」從之。

七年，欽天監奏：「閏十月朔，回回曆推日食二分四十七秒，大統曆推不食。」已而不食。十九年三月癸巳朔，臺官言日當食，已而不食。帝喜，以爲天眷，然實由推步之疏也。隆慶三年，掌監事順天府丞周相刊大統曆法，其曆原歷敍古今諸曆異同。萬曆十二年十一月癸酉朔，大統曆推日食九十二秒，回回曆推不食，已而回回曆驗。禮科給事中侯先春因言：「邇年月食在酉而曰戌，月食將既而曰未九分，差舛甚矣。回回曆科推算日月交食，五星凌犯，最爲精密，何妨纂入大統曆中，以備考驗。」詔可。二十年五月甲戌夜月食，監官推算差一日。

二十三年，鄭世子載堉進聖壽萬年曆、律曆融通二書。疏略曰：「高皇帝革命時，元曆未久，氣朔未差，故不改作，但討論潤色而已。積年既久，氣朔漸差。後漢志言『三百年斗曆改憲』。今以萬曆爲元，而九年辛巳歲適當『斗曆改憲』之期，又協『乾元用九』之義，曆元正在是矣。臣嘗取大統與授時二曆較之，考古則氣差三日，推今則時差九刻。夫差雖九刻，處夜半之際，所差便隔一日。節氣差天一日，則置閏差一月。閏差一月，則時差一季。時差一季，則歲差一年。其失豈小小哉？蓋因授時減分太峻，失之先天；大統不減，失之後天。因和會兩家，酌取中數，立爲新率，編撰成書，大旨出於許衡，而與衡曆不同。黄鐘乃律曆本原，而舊曆罕言之。新法則以步律呂爻象爲首。堯時冬至日躔宿次，何承天推在須、女十度左右，一行推在女、虛間，元人曆議亦云在女、虛之交。而授時曆考之，乃在牛宿二度。大統曆考之，乃在危宿一度。相差二十六度，皆不與堯典合。新法上考堯元年甲辰歲，夏至午中，日在柳宿十二度左右，冬至午中，日在女宿十度左右，心昴昏中，各去午正不踰半次，與承天、一行二家之說合。此皆與舊曆不同之大者，其餘詳見曆議。望敕大臣名儒參訂採用。」

其法首曰步發斂。取嘉靖甲寅歲爲曆元，元紀四千五百六十，期實千四百六十一，節氣歲差一秒七十五忽，歲周氣策無定率，各隨歲差求而用之。律應即氣應五十五日六十刻八十九分，律總旬周六十日。次曰步朔閏。朔望弦策與授時同，閏應十九日三十六刻十九分。次曰步日躔。日平行一度，躔周即天周三百六十五度二十五分，躔中半之，象策又半之，辰策十二分躔周之一。黄、赤道歲差，盈初縮末限，縮初盈末限，俱與授時同，周應二百三十八度二十二分三十九秒。按授時求日度法，以周應加積度，命起虛七，其周應爲自虛七度至箕十度之數。

萬年曆法以周應減積度，命起角初，其周應爲箕十度至角初度之數，當爲二百八十六度四十五分。今數不合，似誤。次曰步晷漏。北極出地度分，冬、夏至中晷恒數，併二至晝夜長短刻數，俱以京師爲準。參以岳臺，以見隨處里差之數。次曰步月離。月平行、轉周、轉中，與授時同。離周即遲疾限三百三十六限十六分六十秒，離中半之，離象又半之。轉差一日九十七刻六十分。轉應七日五十刻三十四分。次曰步交道。正交、中交與授時同。距交十四度六十六分六十六秒。交周、交中、交差，與授時同。交應二十日四十七刻三十四分。次曰步交食。日食交外限六度，定法六十一，交內限八度，定法八十一。月食限定法與授時同。次曰步五緯。合應：土星二百六十二日三千二十六分，木星三百一十日一千八百三十七分，火星三百四十三日五千一百七十六分，金星二百三日八千三百四十七分，水星九十一日七千六百二十八分。曆應：土星八千六百四日五千三百三十八分，木星四千一十八日六千七十三分，火星三百一十四日四十九分，金星六十日一千九百七十五分，水星二百五十三日七千四百九十七分。〔二〕周率、度率及晨夕伏見度，俱與授時同。

其議歲餘也，曰：「陰陽消長之理，以漸而積，未有不從秒起。授時考古，於百年之際頓加一分，於理未安。假如魯隱公三年辛酉歲，下距至元辛巳二千年，以授時本法算之，於歲實當加二十分，得庚午日六刻，爲其年天正冬至。次年壬戌歲，下距至元辛巳一千九百九十九年，本法當加十九分，得乙亥日五十刻四十四分，爲其年天正冬至。兩冬至相減，得相距三百六十五日四十四刻四十四分，則是歲餘九分日之四，非四分日之一也。曆法之謬，莫甚於此。新法酌量，設若每年增損二秒，推而上之，則失昭公己丑；增損一秒至一秒半，則失僖公辛亥。今約取中數，其法置定距自相乘，七因八歸，所得百，約之爲分，得一秒七十五忽，則辛亥、己丑皆得矣。」

其議日躔也，曰：「古曆見於六經，灼然可考者莫如日躔及中星。而推步家鮮有達者，蓋由不知夏時、周正之異也。大抵夏曆以節氣爲主，周曆以中氣爲主。何承天以正月甲子夜半合朔雨水爲上元，進乖夏朔，退非周正。故近代推月令、小正者，皆不與古合。嘗以新法歲差，上考堯典中星，則所謂四仲月，蓋自節氣之始至於中氣之終，三十日內之中星耳。後世執著於二分二至，是亦誤矣。」

其議候極也，曰：「自漢至齊、梁，皆謂紐星卽不動處。惟祖暅之測知紐星去極一度有餘。自唐至宋，又測紐星去極三度有餘。元志從三度，蓋未有定說也。新法不測紐星，以日景驗之，於正方案上，周天度內權指一度爲北極，自此度右旋，數至六十七度四十一分，爲夏至日躔所在。復至一百一十五度二十一分，爲冬至日躔所在。左旋，數亦如之。四處幷中心共五處，各識一鍼。於二至日午中，將案直立向南取景，使三鍼景合，然後縣繩界取中線，又取方十字界之，視横界上距極度分，卽極出地度分也。」

其議晷景也，曰：「何承天立表測景，始知自漢以來，冬至皆後天三日。然則推步晷景，乃治曆之要也。授時曆亦憑晷景爲本，而曆經不載推步晷景之術，是爲缺略。今用北極出地度數，兼弧矢二術以求之，庶盡其原。又隨地形高下，立差以盡變，前此所未有也。」又曰：「授時曆議據前漢志魯獻公十五年戊寅歲正月甲寅朔旦冬至，引用爲首。夫獻公十五年下距隱公元年己未，歲百六十一年，其非春秋時明矣。而元志乃云『自春秋獻公以來』，又云『昭公冬至，乃日度失行之驗』，誤矣。夫獻公甲寅冬至，別無所據，惟劉歆三統曆言之。豈左傳不足信，而歆乃可信乎？太初元年冬至在辛酉，歆乃以爲甲子，差天三日，尙不能知，而能逆知上下數百年乎？故凡春秋前後千載之間，氣朔交食，長曆、大衍所推近是，劉歆、班固所說全非也。」又曰：「大衍曆議謂宋元嘉十三年十一月甲戌，景長爲日度變行，授時曆議亦云，竊以爲過矣。苟日度失行，當如歲差，漸漸而移。今歲既已不合，來歲豈能復合耶？蓋前人所測，或未密耳。夫冬至之景一丈有餘，表高晷長，則景虛而淡，或設望筒、副表、景符之類以求實景。然望筒或一低昂，副表、景符或一前却，所據之表或稍有傾欹，圭面或稍有斜側，二至前後數日之景，進退只在毫釐之間，要亦難辨。況委託之人，未知當否。九服之遠，旣非目擊，所報晷景，寧足信乎？」

其議漏刻也，曰：「日月帶食出入，五星晨昏伏見，曆家設法悉因晷漏爲準。而晷漏則隨地勢南北，辰極高下爲異焉。元人都燕，其授時曆七曜出沒之早晏，四時晝夜之永短，皆準大都晷漏。國初都金陵，大統曆晷漏改從南京，冬夏至相差三刻有奇。今推交食分秒，南北東西等差及五星定伏定見，皆因元人舊法，而獨改其漏刻，是以互相舛誤也。故新法晷漏，照依元舊。」

其議日食也，曰：「日道與月道相交處有二，若正會於交，則食既，若但在交前後相近者，則食而不既。此天之交限也。又有人之交限，假令中國食既，戴日之下，所虧纔半，化外之地，則交而不食。易地反觀，亦如之。何則？日如大赤丸，月如小黑丸，共縣一線，日上而月下，卽其下正望之，黑丸必掩赤丸，似食之既；及旁觀有遠近之差，則食數有多寡矣。春分已後，日行赤道北畔，交外偏多，交內偏少。秋分已後，日行赤道南畔，交外偏少，交內偏多。是故有南北差。冬至已後，日行黃道東畔，午前偏多，午後偏少。夏至已後，日行黃道西畔，午前偏少，午後偏多。是故有東西差。日中仰視則高，旦暮平視則低。是故有距午差。食於中前見早，食於中後見遲。是故有時差。凡此諸差，唯日有之，月則無也。故推交食，惟日頗難。欲推九服之變，必各據其處，考晷景之短長，揆辰極之高下，庶幾得之。曆經推定之數，徒以燕都所見者言之耳。舊云：『月行內道，食多有驗。月行外道，食多不驗。』

又云：「天之交限，雖係內道，若在人之交限之外，類同外道，日亦不食。」此說似矣，而未盡也。假若夏至前後，日食於寅卯酉戌之間，人向東北、西北觀之，則外道食分反多於內道矣。日體大於月，月不能盡掩之，或遇食既，〔三〕而日光四溢，形如金環，故日無食十分之理。雖既，亦止九分八十秒。授時曆日食，陽曆限六度，定法六十，陰曆限八度，定法八十。各置其限度，如其定法而一，皆得十分。今於其定法下，各加一數以除限度，則得九分八十餘秒也。」

其議月食也，曰：「暗虛者，景也。景之蔽月，無早晚高卑之異，四時九服之殊。譬如懸一黑丸於暗室，其左燃燭，其右懸一白丸，若燭光爲黑丸所蔽，則白丸不受其光矣。人在四旁觀之，所見無不同也。故月食無時差之說。自紀元曆妄立時差，授時因之，誤矣。」

其議五緯也，曰：「古法推步五緯，不知變數之加減。北齊張子信仰觀歲久，知五緯有盈縮之變，當加減以求逐日之躔。蓋五緯出入黃道內外，各自有其道，視日遠近爲遲疾，其變數之加減，如里路之徑直斜曲也。宋人有言曰：『五星行度，惟留退之際最多差。自內而進者，其退必向外，自外而進者，其退必由內。其迹如循柳葉，兩末銳於中間，往還之道相去甚遠。故星行兩末度稍遲，以其斜行故也。中間行度稍速，以其徑捷故也。』前代修曆，止增損舊法而已，未嘗實考天度。其法須測驗每夜昏曉夜半，月及五星所在度秒，置簿錄之。滿五年，其間去陰雲晝見日數外，可得三年實行，然後可以算術綴之也。」

書上，禮部尚書范謙奏：「歲差之法，自虞喜以來，代有差法之議，竟無畫一之規。所以求之者，大約有三：考月令之中星，測二至之日景，驗交食之分秒。考以衡管，測以臬表，驗以漏刻，斯亦佹得之矣。曆家以周天三百六十五度四分度之一，紀七政之行，又析度爲百分，分爲百秒，可謂密矣。然渾象之體，徑僅數尺，布周天度，每度不及指許，安所置分秒哉？至於臬表之樹不過數尺，刻漏之籌不越數寸。以天之高且廣也，而以尺寸之物求之，欲其纖微不爽，不亦難乎？故方其差在分秒之間，無可驗者，至踰一度，乃可以管窺耳。此所以窮古今之智巧，不能盡其變歟？即如世子言，以大統、授時二曆相較，考古則氣差三日，推今則時差九刻。夫時差九刻，在亥子之間則移一日，在晦朔之交則移一月，此可驗之於近也。設移而前，則生明在二日之昏，設移而後，則生明在四日之夕矣。今似未至此也。其書應發欽天監參訂測驗。世子留心曆學，博通今古，宜賜敕獎諭。」從之。

河南僉事邢雲路上書言：「治曆之要，無踰觀象、測景、候時、籌策四事。今丙申年日至，臣測得乙未日未正一刻，而大統推在申正二刻，相差九刻。且今年立春、夏至、立冬皆適直子半之交。臣推立春乙亥，而大統推丙子；夏至壬辰，而大統推癸巳；立冬己酉，而大統推庚戌。相隔皆一日。若或直元日於子半，則當退履端於月窮，而朝賀大禮在月正二日矣。豈細故耶？閏八月朔，日食，大統推初虧巳正二刻，食幾既，而臣候初虧巳正一刻，食止七分餘。大統實後天幾二刻，則閏應及轉應、交應，各宜增損之矣。」欽天監見雲路疏，甚惡之。監正張應侯奏詆，謂其僭妄惑世。禮部尚書范謙乃言：「曆爲國家大事，士夫所當講求，非曆士之所得私。律例所禁，乃妄言妖祥者耳。監官拘守成法，不能修改合天。幸有其人，所當和衷共事，不宜妬忌。乞以雲路提督欽天監事，督率官屬，精心測候，以成鉅典。」議上，不報。

三十八年，監推十一月壬寅朔日食分秒及虧圓之候，職方郎范守己疏駁其誤。禮官因請博求知曆學者，令與監官晝夜推測，庶幾曆法靡差。於是五官正周子愚言：「大西洋歸化遠臣龐迪峩、熊三拔等，攜有彼國曆法，多中國典籍所未備者。乞視洪武中譯西域曆法例，取知曆儒臣率同監官，將諸書盡譯，以補典籍之缺。」先是，大西洋人利瑪竇進貢土物，而迪峩、三拔及龍華民、鄧玉函、湯若望等先後至，俱精究天文曆法。禮部因奏：「精通曆法，如雲路、守己爲時所推，請改授京卿，共理曆事。翰林院檢討徐光啓、南京工部員外郎李之藻亦皆精心曆理，可與迪峩、三拔等同譯西洋法，俾雲路等參訂修改。然曆法疏密，莫顯於交食，欲議修曆，必重測驗。乞敕所司修治儀器，以便從事。」疏入，留中。未幾雲路、之藻皆召至京，參預曆事。雲路據其所學，之藻則以西法爲宗。

四十一年，之藻已改銜南京太僕少卿，奏上西洋曆法，略言臺監推算日月交食時刻虧分之謬。而力薦迪峩、三拔及華民、陽瑪諾等，言：「其所論天文曆數，有中國昔賢所未及者，不徒論其度數，又能明其所以然之理。其所製窺天、窺日之器，種種精絕。今迪峩等年齡向衰，乞敕禮部開局，取其曆法，譯出成書。」禮科姚永濟亦以爲言。時庶務因循，未暇開局也。

四十四年，雲路獻七政眞數，言：「步曆之法，必以兩交相對。兩交正，而中間時刻分秒之度數，一一可按。日月之交食，五星之淩犯，皆日月五星之相交也。兩交相對，互相發明，七政之能事畢矣。」天啓元年春，雲路復詳述古今日月交食數事，以明授時之疏，證新法之密。章下禮部。四月壬申朔日食，雲路所推食分時刻，與欽天監所推互異。自言新法至密，至期考驗，皆與天不合。雲路又嘗論大統宮度交界，當以歲差考定，不當仍用授時三百年前所測之數。又月建非關斗杓所指，斗杓有歲差，而月建無改移。皆篤論也。

崇禎二年五月乙酉朔日食，禮部侍郎徐光啓依西法預推，順天府見食二分有奇，瓊州食既，大寧以北不食。大統、回回所推，順天食分時刻，與光啓互異。已而光啓法驗，餘皆疏。帝切責監官。時五官正戈豐年等言：「大統乃國初所定，實卽郭守敬授時曆也，二百六十年毫未增損。自至元十八年造曆，越十八年爲大德三年八月，已當食不食，六年六月又食而失推。是時守敬方知院事，亦付之無可奈何，況斤斤守法者哉？今若循舊，向後不能無差。」於是禮部奏開局修改。乃以光啓督修曆法。光啓言：「近世言曆諸家，大都宗郭守敬法，至若歲差環轉，歲實參差，天有緯度，地有經度，列宿有本行，月五星有本輪，日月有眞會、視會，皆古所未聞，惟西曆有之。而舍此數法，則交食凌犯，終無密合之理。宜取其法參互考訂，使與大統法會同歸一。」

已而光啓上曆法修正十事：其一，議歲差，每歲東行漸長漸短之數，以正古來百年、五十年、六十年多寡互異之說。其二，議歲實小餘，昔多今少，漸次改易，及日景長短歲歲不同之因，以定冬至，以正氣朔。其三，每日測驗日行經度，以定盈縮加減眞率，東西南北高下之差，以步日躔。其四，夜測月行經緯度數，以定交轉遲疾眞率，東西南北高下之差，以步月離。其五，密測列宿經緯行度，以定七政盈縮、遲疾、順逆、違離、遠近之數。其六，密測五星經緯行度，以定小輪行度遲疾、留逆、伏見之數，東西南北高下之差，以推步凌犯。其七，推變黃道、赤道廣狹度數，密測二道距度，及月五星各道與黃道相距之度，以定交轉。其八，議日月去交遠近及眞會、視會之因，以定距午時差之眞率，以正交食。其九，測日行，考知二極出入地度數，以定周天緯度，以齊七政。因月食考知東西相距地輪經度，以定交食時刻。其十，依唐、元法，隨地測驗二極出入地度數，地輪經緯，以求晝夜晨昏永短，以正交食有無、先後、多寡之數。因舉南京太僕少卿李之藻、西洋人龍華民、鄧玉函。報可。九月癸卯開曆局。三年，玉函卒，又徵西洋人湯若望、羅雅谷譯書演算。光啓進本部尙書，仍督修曆法。

時巡按四川御史馬如蛟薦資縣諸生冷守中精曆學，以所呈曆書送局。光啓力駁其謬，幷預推次年四月四川月食時刻，令其臨時比測。四年正月，光啓進曆書二十四卷。夏四月戊午，夜望月食，光啓預推分秒時刻方位。奏言：「日食隨地不同，則用地緯度算其食分多少，用地經度算其加時早晏。月食分秒，海內並同，止用地經度推求先後時刻。臣從輿地圖約略推步，開載各布政司月食初虧度分，蓋食分多少既天下皆同，則餘率可以類推，不若日食之經緯各殊，必須詳備也。又月體一十五分，則盡入闇虛亦十五分止耳。今推二十六分六十秒者，蓋闇虛體大於月，若食時去交稍遠，卽月體不能全入闇虛，止從月體論其分數。是夕之食，極近於交，故月入闇虛十五分方爲食旣，更進一十一分有奇，乃得生光，故爲二十六分有奇。如回回曆推十八分四十七秒，略同此法也。」已而四川報冷守中所推月食實差二時，而新法密合。

光啓又進曆書二十一卷。冬十月辛丑朔日食，新法預推順天見食二分一十二秒，應天以南不食，大漠以北食旣，例以京師見食不及三分，不救護。光啓言：

月食在夜，加時早晚，苦無定據。惟日食按晷定時，無可遷就。故曆法疏密，此爲的證。臣等纂輯新法，漸次就緒，而向後交食爲期尚遠，此時不與監臣共見，至成曆後，將何徵信？且是食之必當測候，更有說焉。

舊法食在正中，則無時差。今此食既在日中，而新法仍有時差者，蓋以七政運行皆依黃道，不由赤道。舊法所謂中乃赤道之午中，非黃道之正中也。黃赤二道之中，獨冬夏至加時正午，乃得同度。今十月朔去冬至度數尚遠，兩中之差，二十三度有奇，豈可因加時近午，不加不減乎？適際此日，又値此時，足可驗時差之正術，一也。

本方之地經度，未得眞率，則加時難定，其法必從交食時測驗數次，乃可較勘畫一。今此食依新術測候，其加時刻分，或前後未合，當取從前所記地經度分，斟酌改定，此可以求里差之眞率，二也。

時差一法，但知中無加減，而不知中分黃赤，今一經目見，人人知加時之因黃道，因此推彼，他術皆然，足以知學習之甚易，三也。

卽分數甚少，亦宜詳加測候，以求顯驗。

帝是其言。至期，光啓率監臣預點日晷，調壺漏，用測高儀器測食甚日晷高度。又於密室中斜開一隙，置窺筩、遠鏡以測虧圓，畫日體分數圖板以定食分，其時刻、高度悉合，惟食甚分數未及二分。於是光啓言：「今食甚之度分密合，則經度里差已無煩更定矣。獨食分未合，原推者蓋因太陽光大，能減月魄，必食及四五分以上，乃得與原推相合。然此測，用密室窺筩，故能得此分數，倘止憑目力，或水盆照映，則眩耀不定，恐少尚不止此也。」

時有滿城布衣魏文魁，著曆元、曆測二書，令其子象乾進曆元於朝，通政司送局考驗。光啓摘當極論者七事：其一，歲實自漢以來，代有減差，至授時減爲二十四分二十五秒。依郭法百年消一，今當爲二十一秒有奇。而曆元用趙知微三十六秒，翻覆驟加。其一，弧背求弦矢，宜用密率。今曆測中猶用徑一圍三之法，不合弧矢眞數。其一，盈縮之限，不在冬夏至，宜在冬夏至後六度。今考日躔，春分迄夏至，夏至迄秋分，此兩限中，日時刻分不等。又立春迄立夏，立秋迄立冬，此兩限中，日時刻分亦不等。測量可見。其一，言太陰最高得疾，最低得遲，且以圭表測而得之，非也。太陰遲疾是入轉內事，表測高下是入交內事，豈容混推。而月行轉周之上，又復左旋，所以最高向西行極遲，最低向東行乃極疾，舊法正相反。其一，言日食正午無時差，非也。時差言距，非距赤道之午中，乃距黃道限東西各九十度之中也。黃道限之中，有距午前後二十餘度者，但依午正加減，焉能必合。其一，言交食定限，陰曆八度、陽曆六度，非也。日食，陰曆當十七度，陽曆當八度。月食則陰陽曆俱十二度。其一，曆測云：「宋文帝元嘉六年十一月己丑朔，日食不盡如鉤，晝星見。今以授時推之，止食六分九十六秒，郭曆舛矣。」夫月食天下皆同，日食九服各異。南宋都於金陵，郭曆造於燕地，北極出地差八度，時在十一月則食差當得二分弱，其云「不盡如鉤」，當在九分左右。郭曆推得七分弱，乃密合，非舛也。本局今定日食分數，首言交，次言地，次言時，一不可闕。已而文魁反覆論難，光啓更申前說，著爲學曆小辨。

其論歲實小餘及日食變差尤明晰。曰：「歲實小餘，自漢迄元漸次消減。今新法定用歲實，更減於元。不知者必謂不惟先天，更先大統。乃以推壬申冬至，大統得己亥寅正一刻，而新法得辰初一刻十八分。何也？蓋正歲年與步月離相似，冬至無定率，與定朔、定望無定率一也。朔望無定率，宜以平朔望加減之，冬至無定率，宜以平年加減之。故新法之平冬至，雖在大統前，而定冬至恒在大統後也。」又曰：「宋仁宗天聖二年甲子歲，五月丁亥朔，曆官推當食不食，諸曆推算皆云當食。夫於法則實當食，而於時則實不食。今當何以解之？蓋日食有變差一法，月在陰曆，距交十度强，於法當食。而獨此日此地之南北差，變爲東西差，故論天行，則地心與日月相參直，實不失食。而從人目所見，則日月相距近變爲遠，實不得食。顧獨汴京爲然，若從汴以東數千里，則漸見食，至東北萬餘里外，則全見食也。夫變差時時不同，或多變爲少，或少變爲多，或有變爲無，或無變爲有。推曆之難，全在此等。」未幾，光啓入內閣。

五年九月十五日，月食，監推初虧在卯初一刻，光啓等推在卯初三刻，回回科推在辰初初刻。三法異同，致奉詰問。至期測候，陰雲不見，無可徵驗。光啓具陳三法不同之故，言：

時刻之加減，由於盈縮、遲疾兩差。而盈縮差，舊法起冬夏至，新法起最高，最高有行分，惟宋紹興間與夏至同度。郭守敬後此百年，去離一度有奇，故未覺。今最高在夏至後六度。此兩法之盈縮差所以不同也。遲疾差，舊法只用一轉周，新法謂之自行輪。自行之外，又有兩次輪。此兩法之遲疾差所以不同也。至於回回曆又異者，或由於四應，或由於里差，臣實未曉其故。總之，三家俱依本法推步，不能變法遷就也。

將來有宜講求者二端：一曰食分多寡。日食時，陽晶晃耀，每先食而後見。月食時，游氣紛侵，每先見而後食。其差至一分以上。今欲灼見實分，有近造窺筩，日食時，於密室中取其光景，映照尺素之上，初虧至復圓，分數眞確，畫然不爽。月食用以仰觀二體離合之際，鄞鄂著明。與目測迥異。此定分法也。一曰加時早晚。定時之術，壺漏爲古法，輪鍾爲新法，然不若求端於日星，晝則用日，夜則任用一星。皆以儀器測取經緯度數，推算得之。此定時法也。二法既立，則諸術之疏密，毫末莫遁矣。

古今月食，諸史不載。日食，自漢至隋，凡二百九十三，而食於晦者七十七，晦前一日者三，初二日者三，其疏如此。唐至五代凡一百一十，而食於晦者一，初二日者一，初三日者一，稍密矣。宋凡一百四十八，無晦食者，更密矣，猶有推食而不食者十三。元凡四十五，亦無晦食，猶有推食而不食者一，食而失推者一，夜食而書晝者一。至加時差至四五刻者，當其時已然。可知高遠無窮之事，必積時累世，乃稍見其端倪。故漢至今千七百歲，立法者十有三家，而守敬爲最優，尚不能無數刻之差，而況於沿習舊法者，何能責其精密哉？

是年，光啓又進曆書三十卷。明年冬十月，光啓以病辭曆務，以山東參政李天經代之。踰月而光啓卒。〔三〕七年，魏文魁上言，曆官所推交食節氣皆非是。於是命文魁入京測驗。是時言曆者四家，大統、回回外，別立西洋爲西局，文魁爲東局。言人人殊，紛若聚訟焉。

天經繕進曆書凡二十九卷，幷星屏一具，俱故輔光啓督率西人所造也。天經預推五星凌犯會合行度，言：「閏八月二十四，木犯積尸氣。九月初四昏初，火土同度。初七卯正，金土同度。十一昏初，金火同度。舊法推火土同度，在初七，是後天三日。金火同度在初三，是先天八日。」而文魁則言，天經所報，木星犯積尸不合。天經又言：「臣於閏八月二十五日夜及九月初一日夜，同禮臣陳六齡等，用窺管測，見積尸爲數十小星團聚，木與積尸，共納管中。蓋窺管圜徑寸許，兩星相距三十分內者，方得同見。如觜宿三星相距三十七分，則不能同見。而文魁但據臆算，未經實測。據云初二日木星已在柳前，則前此豈能越鬼宿而飛渡乎？」天經又推木星退行、順行，兩經鬼宿，其度分晷刻，已而皆驗，於是文魁說絀。

天經又進曆書三十二卷，幷日晷、星晷、窺筩諸儀器。八年四月，又上乙亥丙子七政行度曆及參訂曆法條議二十六則。

其七政公說之議七：一曰諸曜之應宜改。蓋日月五星平行起算之根則爲應，乃某曜某日某時躔某宮次之數。今新法改定諸應，悉從崇禎元年戊辰前，冬至後，己卯日子正爲始。二曰測諸曜行度，應用黃道儀。蓋太陽由黃道行，月星各有本道，出入黃道內外，不行赤道。若用赤道儀測之，所得經緯度分，須通以黃、赤通率表，不如用黃道儀，卽得七政之本度爲便也。三曰諸方七政行度，隨地不等。蓋日月東西見食，其時各有先後，旣無庸疑矣。則太陽之躔二十四節氣，與月五星之掩食凌犯，安得不與交食同一理乎？故新法立成諸表，雖以順天府爲主，而推算諸方行度，亦皆各有本法。四曰諸曜加減分，用平、立、定三差法，尙不足。蓋加減平行以求自行，乃曆家要務。第天實圜體，與平行異類，舊所用三差法，俱從句股平行定者，於天體未合。卽各盈縮損益之數，未得其眞。今新法加減諸表，乃以圜齊圜，始可合天。五曰隨時隨地可求諸曜之經度。舊法欲得某日某曜經度，必先推各曜冬至日所行宮度宿次，後乃以各段日度比算始得。今法不拘時日方所，只簡本表推步卽是。六曰徑一圍三，非弧矢眞法。蓋古曆家以直線測圓形，名曰弧矢法，而算用徑一圍三，謬也。今立割圓八線表，其用簡而大。弧矢等線，但乘除一次，便能得之。七曰球上三角三弧形，非句股可盡。蓋古法測天以句股爲本，然句股能御直角，不能御斜角。且天爲圓球，其面上與諸道相割生多三弧形，句股不足以盡之。

恒星之議四：一曰恒星本行，卽所謂歲差，從黃道極起算。蓋各星距赤極度分，古今不同。其距赤道內外也，亦古今不同。而距黃極或距黃道內外，則皆終古如一，所以知日月五星俱依黃道行。其恒星本行，應從黃極起算，以爲歲差之率。二曰古今各宿度不同。蓋恒星以黃道極爲極，故各宿距星行度，與赤道極時近時遠。行漸近極，卽赤道所出過距星線漸密，其本宿赤道弧則較小。漸遠極，卽過距星線漸疏，其本宿赤道弧則較大。此緣二道二極不同，非距星有異行，亦非距星有易位也。如觜宿距星，漢測距參二度，唐測一度，宋崇寧測半度，元郭守敬測五分。今測之，不啻無分，且侵入參宿二十四分，非一證乎？三曰夜中測星定時。蓋太陽依赤道左行，每十五度爲一小時。今任測一星距子午圈前後度分，又以本星經行與太陽經行相加減，得太陽距子午圈度分，因以變爲眞時刻。四曰宋時所定十二宮次，在某宿度，今不能定於某宿度。蓋因恒星有本行，宿度已右移故也。

太陽之議四：一曰太陽盈縮之限，非冬、夏二至，所謂最高及最高衝也。此限年年右行，今已過二至後六度有奇。二曰以圭表測冬夏二至，非法之善。蓋二至前後，太陽南北之行度甚微，計一丈之表，其一日之影差不過一分三十秒，則一秒得六刻有奇。若測差二三秒，卽差幾二十刻，安所得準乎？今法獨用春、秋二分，蓋以此時太陽一日南北行二十四分，一日之景差一寸二分，卽測差一二秒，算不滿一刻，較二至爲最密。三曰日出入分，應從順天府起算。蓋諸方北極出地不同，晨昏時刻亦因以異。大統依應天府算，是以晝夜長短，日月東西帶食，所推不準。今依順天府改定。四曰平節氣，非上天眞節氣。蓋舊法氣策，乃歲周二十四分之一。然太陽之行，有盈有縮，不得平分。如以平分，則春分後天二日，秋分先天二日矣。今悉改定。

太陰之議四：一曰朔望之外，別有損益分，一加減不足以盡之。蓋舊定太陰平行，算朔望加減，大率五度有奇，然兩弦時多寡不一，卽授時亦言朔望外，平行數不定，明其理未著其法。今於加減外，再用一加減，名爲二三均數。二曰緯度不能定於五度，時多時寡。古今曆家以交食分數及交泛等，測定黃白二道相距約五度。然朔望外兩道距度，有損有益，大距計五度三分度之一。若一月有兩食，其弦時用儀求距黃道度五度，未能合天。三曰交行有損益分。蓋羅睺、計都卽正交、中交行度，古今爲平行。今細測之，月有時在交上，以平求之，必不合算。因設一加減，爲交行均數。四曰天行無紫氣。舊謂生於閏餘，又爲木之餘氣。今細考諸曜，無象可明，知爲妄增。

交食之議四：一曰日月景徑分恒不一。蓋日月有時行最高，有時行最卑，因相距有遠近，見有大小。又因遠近得太陰過景，時有厚薄，所以徑分不能爲一。二曰日食午正非中限，乃以黄道九十度限爲中限。蓋南北東西差俱依黄道，則時差安得不從黄道論其初末以求中限乎？且黄道出地平上，兩象限自有其高，亦自有其中。此理未明，或宜加反減，宜減反加，凡加時不合者由此也。三曰日食初虧復圓，時刻多寡恒不等，非二時折半之說。蓋視差能變實行爲視行，則以視差較食甚前後，鮮有不參差者。夫視差既食甚前後不一，又安能令視行前後一乎？今以視行推變時刻，則初虧復圓，其不能相等也明矣。四曰諸方各依地經推算時刻及日食分。蓋地面上東西見日月出沒，各有前後不同，卽所得時刻亦不同。故見食雖一而時刻異，此日月食皆一理。若日食則因視差隨地不一，卽太陰視距不一，所見食分亦異焉。

五緯之議三：一曰五星應用太陽視行，不得以段目定之。蓋五星皆以太陽爲主，與太陽合則疾行，衝則退行。且太陽之行有遲疾，則五星合伏日數，時寡時多，自不可以段目定其度分。二曰五星應加緯行。蓋五星出入黄道，各有定距度。又木、土、火三星衝太陽緯大，合太陽緯小。金、水二星順伏緯小，逆伏緯大。三曰測五星，當用恒星爲準則。蓋測星用黃道儀外，宜用弧矢等儀。以所測緯星視距二恒星若干度分，依法布算，方得本星眞經緯度分。或繪圖亦可免算。

是時新法書器俱完，屢測交食凌犯俱密合，但魏文魁等多方阻撓，內官實左右之。以故帝意不能決，諭天經同監局虛心詳究，務祈畫一。是年，天經推水星伏見及木星所在之度，皆與大統各殊，而新法爲合。又推八月二十七日寅正二刻，木、火、月三曜同在張六度，而大統推木在張四度，火、月張三度。至期，果同在張六度。九年正月十五日辛酉，曉望月食。天經及大統、回回、東局，各預推虧圓食甚分秒時刻。天經恐至期雲掩難見，乃按里差，推河南、山西所見時刻，奏遣官分行測驗。其日，天經與羅雅谷、湯若望、大理評事王應遴、禮臣李焻及監局守登、文魁等赴臺測驗，惟天經所推獨合。已而，河南所報盡合原推，山西則食時雲掩無從考驗。

帝以測驗月食，新法爲近，但十五日雨水，而天經以十三日爲雨水，令再奏明。天經覆言：

論節氣有二法：一爲平節氣，一爲定節氣。平節氣者，以一歲之實，二十四平分之，每得一十五日有奇，爲一節氣。故從歲前冬至起算，必越六十日八十七刻有奇爲雨水。舊法所推十五日子正二刻者此也。定節氣者，以三百六十爲周天度，而亦以二十四平分之，每得一十五度爲一節氣。從歲前冬至起算，歷五十九日二刻有奇，而太陽行滿六十度爲雨水。新法所推十三日卯初二刻八分者此也。太陽之行有盈有縮，非用法加減之，必不合天，安得平分歲實爲節氣乎？以春分證之，其理更明。分者，黃赤相交之點，太陽行至此，乃晝夜平分。舊法於二月十四日下，註晝五十刻、夜五十刻是也。夫十四日晝夜已平分，則新法推十四日春分者爲合天，而舊法推十六日者，後天二日矣。知春分，則秋分及各節氣可知，而無疑於雨水矣。

已而天經於春分屆期，每午赴臺測午正太陽高度。二月十四日高五十度八分，十五日高五十度三十三分。天經乃言：

京師北極出地三十九度五十五分，則赤道應高五十度五分，春分日太陽正當赤道上，其午正高度與赤道高度等，過此則太陽高度必漸多。今置十四日所測高度，加以地半徑差二分，較赤道已多五分。蓋原推春分在卯正二刻五分弱，是時每日緯行二十四分弱，時差二十一刻五分，則緯行應加五分强。至十五日，并地半徑較赤道高度已多至三十分，况十六日乎？是春分當在十四，不當在十六也。秋分亦然。

又出節氣圖曰：

內規分三百六十五度四分度之一者，日度也。外規分三百六十度者，天度也。自冬至起算，越九十一日三十一刻六分，而始歷春分者，日爲之限也，乃在天則已踰二度餘矣。又越二百七十三日九十三刻，一十九分，而卽交秋分者，亦日爲之限也，乃在天不及二度餘。豈非舊法春分每後天二日，秋分先天二日耶？

十年正月辛丑朔，日食，天經等預推京師見食一分一十秒，應天及各省分秒各殊，惟雲南、太原則不見食。其初虧、食甚、復圓時刻亦各異。大統推食一分六十三秒，回回推食三分七十秒，東局所推止游氣侵光三十餘秒。而食時推驗，惟天經爲密。時將廢大統，用新法，於是管理另局曆務代州知州郭正中言：「中曆必不可盡廢，西曆必不可專行。四曆各有短長，當參合諸家，兼收西法。」十一年正月，乃詔仍行大統曆，如交食經緯，晦朔弦望，因年遠有差者，旁求參考新法與回回科並存。是年，進天經光祿寺卿，仍管曆務。十四年十二月，天經言：「大統置閏，但論月無中氣，新法尤視合朔後先。今所進十五年新曆，其十月、十二月中氣，適交次月合朔時刻之前，所以月內雖無中氣，而實非閏月。蓋氣在朔前，則此氣尚屬前月之晦也。至十六年第二月止有驚蟄一節，而春分中氣，交第三月合朔之後，則第二月爲閏正月，第三月爲二月無疑。」時帝已深知西法之密。迨十六年三月乙丑朔日食，測又獨驗。八月，詔西法果密，卽改爲大統曆法，通行天下。未幾國變，竟未施行。本朝用爲時憲曆。

按明制，曆官皆世業，成、弘間尙能建修改之議，萬曆以後則皆專己守殘而已。其非曆官而知曆者，鄭世子而外，唐順之、周述學、陳壤、袁黃、雷宗皆有著述。唐順之未有成書，其議論散見周述學之曆宗通議、曆宗中經。袁黃著曆法新書，其天地人三元，則本之陳壤。而雷宗亦著合璧連珠曆法，皆會通回回曆以入授時，雖不能如鄭世子之精微，其於中西曆理，亦有所發明。邢雲路古今律曆考，或言本出魏文魁手，文魁學本膚淺，無怪其所疏授時，皆不得其旨也。

西洋人之來中土者，皆自稱甌羅巴人，其曆法與回回同，而加精密。嘗考前代，遠國之人言曆法者多在西域，而東南北無聞。唐之九執曆，元之萬年曆，及洪武間所譯回回曆，皆西域也。蓋堯命羲、和仲叔分宅四方，羲仲、羲叔、和叔則以嵎夷、南交、朔方爲限，獨和仲但曰「宅西」，而不限以地，豈非當時聲教之西被者遠哉。至於周末，疇人子弟分散。西域、天方諸國，接壤西陲，非若東南有大海之阻，又無極北嚴寒之畏，則抱書器而西征，勢固便也。甌羅巴在回回西，其風俗相類，而好奇喜新競勝之習過之。故其曆法與回回同源，而世世增修，遂非回回所及，亦其好勝之俗爲之也。羲、和既失其守，古籍之可見者，僅有周髀。而西人渾蓋通憲之器，寒熱五帶之說，地圓之理，正方之法，皆不能出周髀範圍，亦可知其源流之所自矣。

夫旁搜博採以續千百年之墜緒，亦禮失求野之意也，故備論之。

校勘記

〔一〕水星二百五十三日七千四百九十七分　原脱「星」字，據明史稿卷七曆志補。按上文亦作「水星」。

〔二〕或遇食既　食既，原作「日既」，據明史稿志七曆志改。與下文説「日食雖既」相應。

〔三〕明年冬十月光啓以病辭曆務至逾月而光啓卒　冬十月，當作「九月」。志文謂光啓「十月」辭，「逾月」卒，則其卒月爲十一月，與本書卷二五一徐光啓傳及懷宗實録卷六謂其卒於十月不合。按徐驥文定公行實稱光啓九月二十九日最後疏亂，十月初七日卒。

明史卷三十二

志第八

曆二

大統曆法一上 法原

造曆者各有本原，史宜備錄，使後世有以考。如太初之起數鍾律，大衍之造端蓍策，皆詳本志。授時曆以測驗算術爲宗，惟求合天，不牽合律呂、卦爻。然其法之所以立，數之所從出，以及晷影、星度，皆有全書。郭守敬、齊履謙傳中，有書名可考。元史漫無采摭，僅存李謙之議錄、曆經之初稿。其後改三應率及立成之數，與夫割圓弧矢之法，平立定三差之原，盡削不載。使作者精意湮沒，識者憾焉。今據大統曆通軌及曆草諸書，稍爲編次，首法原，次立成，次推步。而法原之目七：曰句股測望，曰弧矢割圓，曰黃赤道差，曰黃赤道內外度，曰白道交周，曰日月五星平立定三差，曰里差刻漏。

句股測望

北京立四丈表，冬至日午正，測得景長七丈九尺八寸五分。隨以簡儀測到太陽南至地平二十六度四十六分半，爲半弧背。求得矢度，五度九十一分半。置周天半徑，截矢餘五十四度九十六分爲股，乃本地去戴日下之度。以弦股別句術，求得句二十六度一十七分六十六秒，爲日出地半弧弦。

北京立四丈表，夏至日午正，測得景長一丈一尺七寸一分。隨以簡儀測到太陽南至地平七十四度二十六分半，爲半弧背。求得矢度，四十三度七十四分少。置周天半徑，截矢餘一十七度一十三分二十五秒爲句，乃本地去戴日下之度。以句弦別股術，求得股五十八度四十五分半，爲日出地半弧弦。

以二至日度相併，得一百度七十三分，折半得五十度三十六分半，爲北京赤道出地度。以赤道出地度轉減周天四之一，餘四十度九十四分九十三秒七十五微，爲北京北極出地度。

弧矢割圓

周天徑一百二十一度七十五分少。少不用。 半徑六十〇度八十七分半。又爲黃赤道大弦。 二至黃赤道內外半弧背二十四度。所測就整。 二至黃赤道弧矢四度八十四分八十二秒。 黃赤道大句二十三度八十分七十秒。 黃赤道大股五十六度〇二分六十八秒。

半徑內減去矢度之數。

割圓求矢術　置半弧背度自之，爲半弧背冪，周天徑自之，爲上廉。 上廉乘半弧背冪，爲正實。 上廉乘徑，爲益從方。 半弧背倍之，乘徑，爲下廉。 以初商乘上廉，得數以減益從方，餘爲從方。 置初商自之以減下廉，餘以初商乘之，爲從廉。 從方、從廉相並，爲下法。 下法乘初商，以減正實，實不足減，改初商。 實有不盡，次第商除之。 倍初商數，與次商相並以乘上廉，得數以減益從方，餘爲從方。 并初商次商而自之，又以初商自之，並二數以減下廉，餘以初商倍數並次商乘之，爲從廉。 從方、從廉相並，爲下法。 下法乘次商，以減餘實，而定次商。 有不盡者，如法商之，皆以商得數爲矢度之數。黃赤道同用。

如以半弧背一度求矢度。 術曰：置半弧背一度自之，得一度，爲半弧背冪。 置周天徑一百二十一度太自之，得一萬四千八百二十三度〇六分二十五秒，爲上廉。 上廉乘半弧背冪，得一萬四千八百二十三度〇六分二五，爲正實。 上廉又乘徑，得 百八十〇萬四千七百〇七度八十五分九十三秒七五，爲益從方。 半弧背一度倍之，得二度，以乘徑得二百四十三度五十分，爲下廉。　初商八十秒。　置初商八十秒乘上廉一萬四千八百二十三度〇六二五，得一百一十八度五八四五，以減益從方一百八十〇萬四千七百〇七度八五九三七五，餘一百八十〇萬四千五百八十九度二七四八七五，爲從方。　又置初商八十秒自之，得六十四微，以減下廉，餘二百四十三度四九九九三六。　仍以八十秒乘之，得一度九四七九九九四八八，爲從廉。　以從廉、從方並之，共得一百八十〇萬四千五百九十一度二二二八七四四八八，爲下法。　下法乘初商，得一萬四千四百三十六度七十二分九七八二九九五九〇四，以減正實，餘實三百八十六度三十三分二七一七〇〇四〇九六。　次商二秒。　置初商八十秒倍之，得一分六十秒。　加次商二秒，得一分六十二秒，乘上廉一萬四千八百二十三度〇六二五，得二百四十〇度一三三六一二五，以減益從方，餘一百八十〇萬四千四百六十七度七二五七六二五，爲從方。　又置初次商八十二秒自之，得六十七微。加初商八十秒自之之數，得一秒三十一微，以減下廉，餘二百四十三度四九九八六九。　以前所得一分六十二秒乘之，得三度九十四分四六九七八七七八，爲從廉。　以從廉、從方並，得一百八十〇萬四千四百七十一度六十七分〇四六〇三七七八，爲下法。　下法乘次商，得三百六十〇度八九四三三四〇九二〇七五五六，以減餘實，仍餘二十五度四三八三八二九一一二〇二〇四四。不足一秒棄不用，下同。

凡求得矢度八十二秒，餘度各如上法，求到矢度，以爲黃赤相求及其內外度之根。數詳後。

黃赤道差

求黃道各度下赤道積度術。 置周天半徑內減去黃道矢度，餘爲黃赤道小弦。置黃赤道小弦，以黃赤道大股乘之大股見割圓爲實。 黃赤道大弦半徑爲法。實如法而一，爲黃赤道小股。 置黃道矢自乘爲實，以周天全徑爲法，實如法而一，爲黃道半背弦差。以差去減黃道積度，即黃道半弧背。餘爲黃道半弧弦。 置黃道半弧弦自之爲股冪，黃赤道小股自之爲句冪，二冪並之，以開平方法除之，爲赤道小弦。 置黃道半弧弦，以周天半徑亦爲赤道大弦乘之爲實，以赤道小弦爲法而一，爲赤道半弧弦。 置黃赤道小股，亦爲赤道橫小句。以赤道大弦即半徑乘之爲實，以赤道小弦爲法而一，爲赤道橫大句，以減半徑，餘爲赤道橫弧矢。橫弧矢自之爲實，以全徑爲法而一，爲赤道半背弦差。 以差加赤道半弧弦，爲赤道積度。

如黃道半弧背一度，求赤道積度。 術曰：置半徑六十〇度八十七分五十秒，即黃赤道大弦。內減黃道矢八十二秒餘六十〇度八六六八，爲黃赤道小弦。 置黃赤道小弦，以黃赤道大股五十六度〇二六八乘之，得三千四百一十〇度一七二〇三〇二四爲實，以黃赤道大弦六十〇度八七五爲法，實如法而一，得五十六度〇一分九十二秒，爲黃赤道小股。又爲赤道小句。　置矢度八十二秒自之，得六十七微，以全徑一百二十一度七五爲法，除之得五十五纖，爲黃道半背弦差。　置黃道半弧背一度，內減黃道半背弦差，餘爲半弧弦，因差在微以下不滅，卽用一度爲半弧弦。　置黃道半弧弦一度自之，得一度爲股冪。　黃赤道小股五十六度〇一九二自之，得三千一百三十八度一五〇七六八六四爲句冪。　二冪並得三千一百三十九度一五〇七六八六四爲弦實，平方開之，得五十六度〇二八一，爲赤道小弦。　置黃道半弧弦一度，以半徑即赤道大弦乘之，得六十〇度八七五爲實，以赤道小弦五十六度〇二八一爲法除之，得一度〇八分六十五秒，爲赤道半弧弦。　置黃赤道小股五十六度〇一九二，又爲赤道小句。　以赤道大弦半徑六十〇度八七五乘之，得三千四百一十〇度一六八八爲實，以赤道小弦爲法除之，得六十〇度八十六分五十三秒，爲赤道橫大句。　置半徑六十〇度八十七分五十秒，內減赤道大句六十〇度八十六分五十三秒，餘九十七秒，爲赤道橫弧矢。　置赤道橫弧矢九十七秒自之，得九十四微〇九，以全徑爲法除之，得七十七纖，爲赤道背弦差。　置赤道半弧弦一度〇八分六十五秒，加赤道背弦差，爲赤道積度，今差在微已下不加，卽用半弧弦爲積度。

凡求得赤道積度一度〇八分六十五秒。　餘度各如上法，求到各黃道度下赤道積度，兩數相減，卽得黃赤道差，乃至後之率。其分後，以赤道度求黃道，反此求之，其數並同。

黃赤道相求弧矢諸率立成上

至後黃道積度 分後赤道	黃道矢度	黃道矢差	黃道半弧弦，又爲赤道小股	黃赤道小股，又爲赤道小句	赤道小弦
十度十分	十度十分十秒	十度十分十秒	十度十分十秒	十度十分十秒	十度十分十秒
初					
一	八二	○二四六	一○○○○	五六○一九二	五六○二八一
二	○三二八	○四一一	二○○○○	五五九九六六	○三二三
三	○七三九	○五七六	二九九九九	九五八八	○三九一
四	一三一五	○七四一	三九九九九	九○五八	○四八七
五	二○五六	○九○七	四九九九七	八三七六	○六一○
六	二九六三	一○七三	五九九九三	七五四一	○七五九
七	四○三六	一二四○	六九九八七	六五五三	○九三六

十度十分	十度十分十秒	十度十分十秒	十度十分十秒	十度十分十秒	十度十分十秒
八	五二七六	一四〇八	七九九七七	五四一二	一一四〇
九	六六八四	一五七六	八九九六三	四一一六	一三七一
一〇	八二六〇	一七四五	九九九四四	二六六六	一六三〇
一	一〇〇〇五	一九一六	一〇九九一八	一〇六〇	一九一五
二	一九二一	二〇八七	一一九八八三	五四九二九六	二二二六
三	四〇〇八	二二五八	一二九八三九	七三七五	二五六五
四	六二六六	二四三〇	一三九七八三	五二九七	二九二八
五	八六九六	二六〇五	一四九七一三	三〇六一	三三二〇
六	二一三〇一	二七七九	一五九六二八	〇六六三	三七三五
七	四〇八〇	二九五五	一六九五二四	五三八一〇六	四一七八
八	七〇三五	三一三〇	一七九四〇〇	五三八九	四六四四

九	三〇一六五	三三〇七	一八九二五三	二五〇五	五一三五
二〇	三四七二	三四八五	一九九〇八〇	五二九四六二	五六五一
一	六九五七	三六六三	二〇八八七八	六二五四	六一九一
二	四〇六二〇	三八四二	二一八六四五	二八八二	六七五六
三	四四六二	四〇二〇	二二八三七六	五一九二四七	七三四二
四	八四八二	四二〇〇	二三八〇七〇	五六四七	七九五二
五	五二六八二	四三七九	二四七七二一	一七八一	八五八二
六	七〇六一	四五五九	二五七三二六	五〇七七五一	九二三四
七	六一六二〇	四七三八	二六六八八一	三五五五	九九〇六
八	六三五八	四九一七	二七六三八二	四九九二九九	五七〇五九九
九	七一二七五	五〇九五	二八五八二八	四六六九	一三一〇
三〇	六三七〇	五二七三	二九五二一〇	四八九九八〇	二〇三九

十度十分	十度十分十秒	十度十分十秒	十度十分十秒	十度十分十秒	十度十分十秒
三一	八一六四三	五四五〇	三〇四五三五	五一二七	二七八六
二	七〇九三	五六二六	三一三七六〇	〇一一	三五四九
三	九二七一九	五八〇一	三二二九三九	四七四五三三	四三二六
四	八五二〇	五九七四	三三二〇二八	四六九五九四	五一一八
五	一〇四四九四	六一四五	三四一〇三二	四〇九六	五九二三
六	一一〇六三九	六三一四	九九四六	四五八四四〇	六七四〇
七	六九五三	六四八一	三五八七六六	二六二九	七五六九
八	一二三四三四	六六四七	三六七四八六	四四六六六四	八四〇七
九	一三〇〇八一	六八〇八	三七六一〇二	〇五四七	九二五二
四〇	六八八九	六九六七	三八四六〇九	四三四二八二	五八〇一〇七
一	一四三八五六	七一二四	三九三〇〇三	四二七八六九	〇九六七

二	一五〇九八〇	七二七六	四〇一二六七	一三一二	一八三一
三	八二五六	七四二六	九四二九	四一四六一六	二六九九
四	一六五六八二	七五七一	四一七四五四	四〇七七八二	三五六九
五	一七三二五三	七七一二	四二五三四六	〇八二二	四四四〇
六	一八〇九六五	七八五〇	四三三一〇二	三九三七一五	五三一一
七	一八八八一五	七九八四	四四〇七一八	三八六四九〇	六一八〇
八	一九六七九九	八一一二	八一八九	三七九一四三	七〇四五
九	二〇四九一一	八二三七	四五五五一三	三七一六七六	七九〇七
五〇	二一三一四八	八三五七	四六二六八四	三六四〇九五	八七六三
一	二二一五〇五	八四七二	九七〇一	三五六四〇四	九六一二
二	九九七七	八五八三	四七六五五九	三四八六〇七	五九〇四五三
三	二三八五六〇	八六八八	四八三二五六	〇七〇七	一二八五

十度十分	十度十分十秒	十度十分十秒	十度十分十秒	十度十分十秒	十度十分十秒
五四	二四七二四八	八七八九	九七八九	三三二七一一	二一〇六
五	二五六〇三七	八八八五	四九六一五六	三二四六二二	二九一七
六	二六四九二二	八九七七	五〇二三五四	三一六四四五	三七一四
七	二七三八九九	九〇六三	八三八二	三〇八一八三	四四九九
八	八二九六二	九一四四	五一四二三六	二九九八四一	五二六七
九	二九二一〇六	九二二二	九九一七	一四二六	六〇二二
六〇	三〇一三二八	九二九四	五二五四二二	二八二九三八	六七六〇
一	三一〇六二二	九三六一	五三〇七五一	二七四三八四	七四八一
二	九九八三	九四二六	五九〇二	二六五七六九	八一八四
三	三二九四〇九	九四八五	五四〇八七五	二五七〇九四	八八六八
四	三三八八九四	九五三八	五六六八	二四八三六四	九五三二

五	三四八四三二	九五九〇	五五〇二八四	二三九五八六	六〇〇一七八
六	三五八〇二二	九六三八	四七一九	〇七五九	〇八〇二
七	三六七六六〇	九六八一	八九七四	二二一八八九	一四〇四
八	三七七三四一	九七一九	五六三〇五〇	二一二九七九	一九八四
九	三八七〇六〇	九七五六	六九四八	二〇四〇三四	二五四四
七〇	三九六八一六	九七八九	五七〇六六七	一九五〇五五	三〇八一
一	四〇六六〇五	九八一八	四二〇七	一八六〇四六	三五九五
二	四一六四二三	九八四五	七五七〇	一七七〇二〇	四〇八六
三	四二六二六八	九八六八	五八〇七五六	一六七九四九	四五五三
四	四三六一三六	九八九一	三七六六	一五八八七六	四九九七
五	四四六〇二七	九九一〇	六六〇〇	一四九七六三	五四一六
六	四五五九三七	九九二五	九二五八	〇六四三	五八一〇

十度十分	十度十分十秒	十度十分十秒	十度十分十秒	十度十分十秒	十度十分十秒
七七	四六五八六二	九九四〇	五九一七四四	一二一五〇八	六一八一
八	四七五八〇二	九九五二	四〇五六	一二二三五九	六五二六
九	四八五七五四	九九六二	六一九六	一一三二〇〇	六八四七
八〇	四九五七一六	九九七二	八一六五	一〇四〇三二	七一四四
一	五〇五六八八	九九七九	九九六三	〇九四八五四	七四一五
二	五一五六六七	九九八四	六〇一五九二	〇八五六七〇	七六六一
三	五二五六五一	九九八九	三〇五二	〇七六四八一	七八八二
四	五三五六四〇	九九九三	四三四五	〇六七二八七	八〇七九
五	五四五六三三	九九九六	五四七〇	〇五八〇九〇	八二五〇
六	五五五六二九	九九九七	六四一八	〇四八八九〇	六〇八三九五
七	五六五六二六	九九九九	七二二二	〇三九六一九	八五一八

八	五七五六二五	一〇〇〇〇	七八四九	〇三〇四八七	八六一三
九	五八五六二五	〇〇〇〇	八三一一	〇二一二八三	八六八三
九〇	五九五六二五	〇〇〇〇	八六〇九	〇一二〇七九	八七二九
一	六〇五六二五	〇三一二五	八七四二	〇〇二八七六	八七四九
一三一	八七五〇	〇〇〇〇	八七五〇	〇〇〇〇	八七五〇

黃赤相求弧矢諸率立成下

至後黃 分後赤道積度	赤道半弧弦	赤道矢度	至後赤 分後黃道積度	度率	黃赤道差
十度十分	十度十分十秒	十度十分十秒	十度十分十秒	十度十分十秒	十度十分十秒
初				一〇八六五	
一	一〇八六五	九七	一〇八六五	〇八六一	〇八六五
二	二一七二八	〇三八八	二一七二八	〇八六〇	一七二八

十度十分	十度十分十秒	十度十分十秒	十度十分十秒	十度十分十秒	十度十分十秒
三	三二五八七	○八七五	三二五八八	○八五七	二五八八
四	四三四四三	一五五三	四三四四五	○八四九	三四四五
五	五四二九○	二四二五	五四二九四	○八四三	四二九四
六	六五一二七	三四九四	六五一三七	○八三三	五一三七
七	七五九五二	四七五七	七五九七○	○八二三	五九七○
八	八六七六二	六二一四	八六七九三	○八一二	六七九三
九	九七五五五	七八一四	九七六○五	○八○一	七六○五
一○	一○八三二九	九七一六	一○八四○六	○七八六	八四○六
一	一一九○六九	一一七六○	一一九一一二	○七七二	九一九二
二	一二九八○三	四○○○	一二九九六四	○七五五	九九六四
三	一四○四九八	六四三五	一四○七一九	○七四○	一○七一九

四	一五一一六一	九〇六七	一五一四五九	〇七二〇	一四五九
五	一六一七九六	二一八九三	一六二一七九	〇七〇四	二一七九
六	一七二三七四	四九一五	一七二八八三	〇六八四	二八八三
七	一八二九一七	八一三二	一八三五六七	〇六六三	三五六七
八	一九三四一三	三一五四四	一九四二三〇	〇六四二	四二三〇
九	二〇三八五八	五一五〇	二〇四八七二	〇六二二	四八七二
二〇	二一四二四八	八九四八	二一五四九四	〇五九九	五四九一
一	二二四五七八	四二九四八	二二六〇九三	〇五七五	六〇九三
二	二三四八四五	七一二四	二三六六六八	〇五五四	六六六八
三	二四五〇四四	五一四九八	二四七二二二	〇五三〇	七二二二
四	二五五一七一	六〇六一	二五七七五二	〇五〇六	七七五二
五	二六五二二一	六〇八一四	二六八二五八	〇四八二	八二五八

十度十分	十度十分十秒	十度十分十秒	十度十分十秒	十度十分十秒	十度十分十秒
二六	二七五一八九	五七五一	二七八七四〇	〇四五六	八七四〇
七	二八五〇七一	七〇八七四	二八九一九六	一〇四三二	一九一九六
八	二九四八六二	六一七八	二九九六二八	〇四〇八	九六二八
九	三〇四五五九	八一六六四	三一〇〇三六	〇三八二	二〇〇三六
三〇	三一四一五五	七三二六	三二〇四一八	〇三五五	〇四一八
一	三二三六四五	九三二六三	三三七七七三	〇三三二	〇七七三
二	三三三〇二七	九一七三	三四一一〇五	〇三〇六	一一〇五
三	三四二二九五	一〇五三五一	三五一四一一	〇二八〇	一四一一
四	三五一四四四	一一一六九五	三六一六九六	〇二五四	一六九一
五	三六〇四七〇	八二〇二	三七一九四五	〇二二九	一九四五
六	九三六八	一二四八六六	三八二一七四	〇二〇三	二一七四

七	三七八一三四	一三一六八六	三九二三七七	〇一七七	二三七七
八	三八六七六四	八六五四	四〇二五五四	〇一五二	二五五四
九	三九五二五四	一四五七七〇	四一二七〇六	〇一二六	二七〇六
四〇	四〇三五九九	一五三〇二七	四二二八三二	〇一〇二	二八三二
一	四一一七九七	一六〇四二〇	四三二九三〇	〇〇七五	二九三〇
二	九八四二	七九四六	四四三〇〇九	〇〇四九	三〇〇九
三	四二七七三三	一七五五九八	四五三〇五八	〇〇二七	三〇五八
四	四三五四六七	一八三三七三	四六三〇八五	〇一〇〇〇〇	三〇八五
五	四四三〇五八	一九一二六五	四七三〇八五	九九七四	三〇八五
六	四五〇四四五	九二六五	四八三〇五九	九九五一	三〇五九
七	七六八七	二〇七三七九	四九三〇一〇	九九二五	三〇一〇
八	四六四七六〇	二一五五九〇	五〇二九三五	九九〇一	二九三五

十度十分	十度十分十秒	十度十分十秒	十度十分十秒	十度十分十秒	十度十分十秒
四九	四七一六六二	二二三八九七	五一二八三六	九八九六	二八三六
五〇	八三九一	二三二二九五	五二二七一二	九八五一	二七一二
一	四八四九四六	二四〇七七八	五三二五六三	九八二七	二五六三
二	四九一三二六	九三四一	五四二三九〇	九八〇三	二三九〇
三	七五三〇	二五七九八〇	五五二一九三	九七八〇	二一九三
四	五〇三五五六	二六六六八七	五六一九七三	九七五五	一九七三
五	九四〇五	二七五四六〇	五七一七二八	九七三一	一七二八
六	五一五〇七六	二八四二九一	五八一四五九	九七〇八	一四五九
七	五二〇五六八	二九三一八〇	五九一一六七	九六八五	一一六七
八	五八八三	三〇二一一八	六〇〇八五二	九六六一	〇八五二
九	五三一〇一九	三一一一〇二	六一〇五一三	九六三九	〇五一三

六〇	五九七八	三二〇一二八	六二〇一五二	九六一六	〇一五二
一	五四〇七六一	九一九一	九七六八	九五九四	一九七六八
二	五三六八	三三八二八七	六三九三六二	九五七二	九三六二
三	九八〇〇	三四七四一四	六四八九三四	九五五一	八九三四
四	五五四〇五七	三五六五六八	六五八四八五	九五二九	八四八五
五	八一四三	三六五七四二	六六八〇一四	九五〇九	八〇一四
六	五六二〇五七	三七四九三九	六七七五二三	九四八七	一七五二三
七	五八〇一	三八四一五一	六八七〇一〇	九四七〇	七〇一〇
八	九三七九	三九三三七八	六九六四八〇	九四五〇	六四八〇
九	五七二七九〇	四〇二六一五	七〇五九三〇	九四二七	五九三〇
七〇	六〇三一	四一一八六二	七一五三五七	九四一二	五三五七
一	九一一一	四二一一一六	七二四七六九	九三九二	四七六九

十度十分	十度十分十秒	十度十分十秒	十度十分十秒	十度十分十秒	十度十分十秒
七二	五八二〇二九	四三〇三七四	七三四一六一	九三八五	四一六一
三	四七八七	九六三六	七四三五四六	九三五三	三五四六
四	七三八七	四四八八九九	七五二八九九	九三四三	二八九九
五	九八三〇	四五八一六三	七六二二四二	九三二九	二二四二
六	五九二一一七	四六七四二五	七七一五七一	九三一五	一五七一
七	四二五一	四七六六八五	七八〇八八六	九三〇四	〇八八六
八	六二三四	四八五九四四	七九〇一九〇	九二八六	〇一九〇
九	八〇六五	四九五一九五	九四七六	九二七五	〇九四七六
八〇	九七四七	五〇四四四三	八〇八七五一	九二六五	八七五一
一	六〇一二八一	五一三六八八	八一八〇一六	九二五五	八〇一六
二	二六七四	五二二九二七	八二七二七一	九二四四	七二七一

三	三九一三	五三二一五九	八三六五一五	九二三八	六五一五
四	五〇一二	五四一三八九	八四五七五三	九二二八	五七五三
五	五九六七	五五〇六一三	八五四九八一	九二二二	四九八一
六	六七八一	九八三二	八六四二〇三	九二一五	四二〇三
七	七四五三	五六九〇四六	八七三四一八	九二一二	三四一八
八	七九八五	五七八二五七	八八二六三〇	九二一〇	二六三〇
九	八三七一	五八七四六五	八九一八四〇	九二〇四	一八四〇
九〇	八六三〇	五九六六七一	九〇一〇四四	九二〇四	一〇四四
一	八七四三	六〇五六七四	九一〇二四八	二八七七	〇二四八
一三一	八七五〇	八七五〇	三一二五	〇〇〇〇	〇〇〇〇

按郭守敬創法五端，內一曰黃赤道差，此其根率也。舊法以一百一度相減相乘。授時立術，以句股、弧矢、方圓、斜直所容，求其差數，合於渾象之理，視古爲密。顧至元曆經所載甚略，又誤以黃道矢度爲積差，黃道矢差爲差率，今正之。

割圓弧矢圖

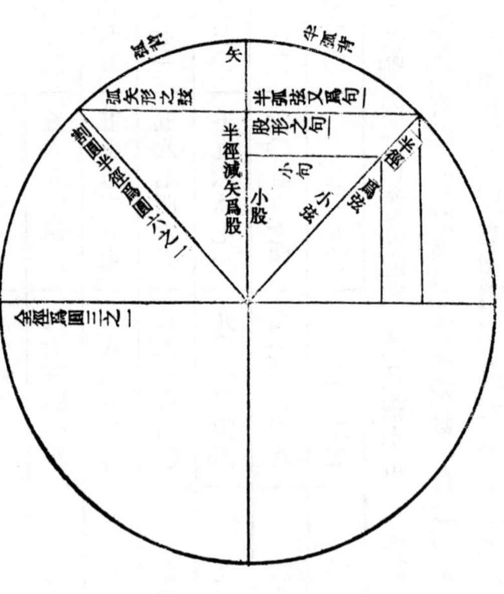

凡渾圓中剖，則成平圓。任割平圓之一分，成弧矢形，皆有弧背，有弧弦，有矢。剖弧矢形而半之，則有半弧背，有半弧弦，有矢。因弦矢生句股形，以半弧弦爲句，矢減半徑之餘爲股，半徑爲弦。句股內成小句股，則有小句、小股、小弦，而大小可互求，平側可互用，渾圓之理，斯爲密近。

側立之圖

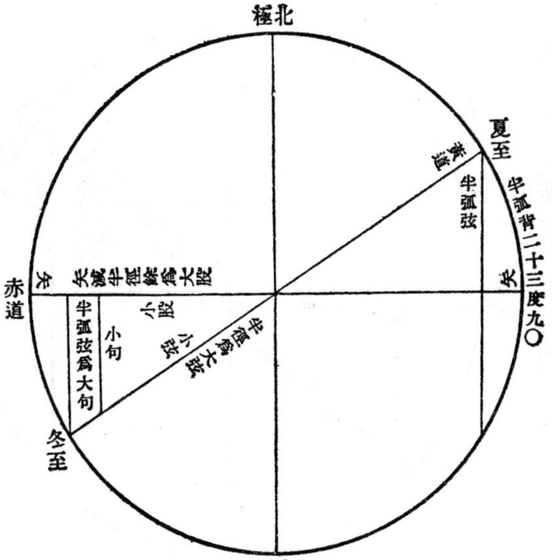

北極
南極
夏至
冬至
赤道
黃道
半弧弦
半弧背二十三度九〇
矢
矢
矢減半徑餘爲大股
小股
小弦
半徑爲大弦
小句
半弧弦爲大句

平者爲赤道，斜者爲黃道。因二至黃赤之距，生大句股。因各度黃赤之距，生小句股。

平視之圖

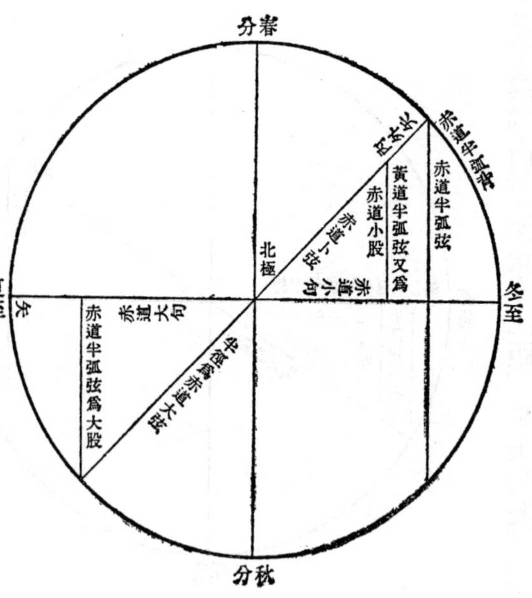

外大圓爲赤道。從北極平視，則黃道在赤道內，有赤道各度，卽各有其半弧弦，以生大句股。又各有其相當之黃道半弧弦，以生小句股。此二者皆可互求。

按舊史無圖，然表亦圖之屬也。今句股割圓弧矢之法，實爲曆家測算之本。非圖不明，因存其要者數端。

黃赤道內外度

推黃道各度，距赤道內外及去極遠近術。置半徑內減去赤道小弦，餘爲赤道二弦差。又爲黃赤道小弧矢，又爲內外矢，又爲股弦差。　置半徑內減去黃道矢度，餘爲黃赤道小弦，以二至黃赤道內外半弧弦乘之爲實，以黃赤道大弦爲法，即半徑。除之爲黃赤道小弧弦。即黃赤道內外半弧弦，又爲黃赤道小句。　置黃赤道小弧矢自之，即赤道二弦差。以全徑除之，爲半背弦差。以差加黃赤道小弧弦爲黃赤道小弧半背，即黃赤道內外度。　置黃赤道內外度，視在盈初縮末限以加，在縮初盈末限以減，皆加減象限度，即各得太陽去北極度分。

如冬至後四十四度，求太陽去赤道內外及去極度。　術曰：置半徑六十〇度八十七分半，內減黃道四十四度下赤道小弦五十八度三十五分六十九秒，餘二度五十一分八十一秒，爲黃赤道小弧矢。即內外矢。　置半徑六十〇度八七五，內減黃道四十四度，矢一十六度五十六分八十二秒，餘四十四度三十〇分六十八秒，爲黃赤道小弦。　置黃赤道小弦，以二至黃赤道內外半弧弦二十三度七十一分乘之，得一千〇五十〇度五十一分四二三八爲實，以黃赤道大弦六十〇度八七五爲法除之，得一十七度二十五分六十九秒爲黃赤道小弧弦。卽內外半弧弦。　置黃赤道小弧矢二度五十一分八十一秒自之爲實，以全徑一百二十一度七十五分除之，得五分二十一秒爲背弦差，以差加黃赤道小弧弦一十七度二十五分六十九秒，得一十七度三十〇分八十九秒，爲二至前後四十四度，太陽去赤道內外度。　置象限九十一度三十一分四十三秒七五，以內外度一十七度三〇八九加之，得一百〇八度六十二分三十二秒七五，爲冬至後四十四度太陽去北極度。

黃道每度去赤道內外及去北極立成

黃道積度	黃赤內外矢，又爲赤道二弦差	內外半弧弦，又爲黃赤小弧弦	內外度，又爲黃赤道小弧半背	冬至前後去極度	夏至前後去極度
十度分	十度十分十秒	十度十分十秒	十度十分十秒	十度十分十秒	十度十分十秒
初	〇四八四八二	二三七一〇〇	二三九〇三〇	一一五二一七三	六七四一一三
一	八四六九	七〇七八	八九九七	二一四〇	四一四六
二	八四二七	六九七二	八八九八	二〇四一	四二四五
三	八三五九	六八一二	八七三二	一八七五	四四一一

四	八二六三	六五八八	八五四一	一六四四	四六四二
五	八一四〇	六二九九	八二〇二	一三四五	四九四一
六	七九九一	五九四六	七八三八	〇九八〇	五三〇六
七	七八一四	五五二八	七四〇五	〇五四八	五七三八
八	七六一〇	五〇四五	六九〇七	〇〇五〇	六二三六
九	七四九九	四四九六	六三四二	一一四九四八五	六八〇一
一〇	七一二〇	三八八三	五七〇六	八八四九	七四三七
一	六八三五	三二〇三	五〇〇四	八一四七	八一三九
二	六五二四	二四五七	四二三五	七三七八	八九〇八
三	六一八七	一六四四	三三九六	六五三九	九七四七
四	五八二二	〇七六四	二四八八	五六三一	六八〇六五五
五	五四三〇	二二九八一八	一五一三	四六五六	一六三〇

十度分	十度十分十秒	十度十分十秒	十度十分十秒	十度十分十秒	十度十分十秒
一六	五〇一五	八八〇二	〇四六六	三六〇九	二六七七
七	四五七二	七七二一	二二九三五二	二四九五	三七九一
八	四二〇六	六五七〇	八一六七	一三一〇	四九七六
九	三六一五	五三五一	六九一三	〇〇五六	六二三〇
二〇	三〇九八	四〇六三	五五八八	一一三八七三一	七五五五
一	二五五八	二七〇六	四一九三	七三三六	八九五〇
二	一九九四	一二七九	二七二七	五八七〇	六九〇四一六
三	一四〇八	二一九七八二	一一九〇	四三三三	一九五三
四	〇七九八	八二一七	二一九五八四	二七二七	三五五九
五	〇一六八	六五八一	七九〇六	一〇四九	五二三七
六	三九五一六	四八七五	六一五九	一一二九三〇二	六九八四

七	八八四四	三一〇〇	四三三九	七四八二	八八〇四
八	八一五一	一二五四	二四四九	五五九二	七〇〇六九四
九	七四四〇	二〇九三三九	〇四八九	三六三二	二六五四
三〇	六七一一	七三五五	二〇八四六二	一六〇五	四六八一
一	五九六四	五三〇一	六三六三	一一一九五〇六	六九八〇
二	五二〇一	二二七八	四一九五	七三三八	八九四八
三	四四二四	〇九八七	一九六〇	五一〇三	七一一一八三
四	三六三二	一九八七二八	一九九六五七	二八〇〇	三四八六
五	二八二七	六四〇一	七二八六	〇四二九	五八五七
六	二〇一〇	四〇〇八	四八四九	一一〇七九九二	八二九四
七	三一一八一	一九一五四八	一九二三四六	一一〇五四八九	七二〇七九七
八	〇三四三	一八九〇二四	一八九七八〇	二九二三	三三六三

十度分	十度十分十秒	十度十分十秒	十度十分十秒	十度十分十秒	十度十分十秒
三九	二九四九七	六四三五	七一四九	〇二九二	五九九四
四〇	八六四三	三七八三	四四五六	一〇九七五九九	八六八七
一	七七八三	一〇七〇	一七〇四	四八四七	七三一四三九
二	六九一九	一七八二九五	一七八八九〇	三〇三三	四二五三
三	六〇五一	五四六一	六〇一八	一〇八九一六一	七一二五
四	五一八一	二五六九	三〇八九	六二三二	七四〇〇五四
五	四三一〇	一六九六二〇	〇一〇五	三二四八	三〇三八
六	三四三九	六六一六	一六七〇六七	〇二一〇	六〇七六
七	二五七〇	三五五九	三九七七	一〇七七一二〇	九一六六
八	一七〇五	〇四四九	〇八三六	三九九九	七五二三〇七
九	〇八四三	一五七二八九	一五七六四五	〇七八八	五四九八

五〇	一九九八七	四〇八一	四四〇九	一〇六七五五二	八七三四
一	九一三八	〇八二三	一一二四	四二六七	七六二〇一九
二	八二九七	一四七五二三	一四七七九八	〇九四一	五三四五
三	七四六五	四一八四	四四三四	一〇五七五七七	八七〇九
四	六六四四	〇八〇〇	一〇二七	四一七〇	七七二一一六
五	五八三三	一三七三七七	一三七五八二	〇七二五	五五六一
六	五〇三六	三九一六	四一〇一	一〇四七二四四	九〇四二
七	四二五一	〇四二〇	〇五八六	三七二九	七八二五五七
八	三四八三	一二六八九〇	一二七〇三九	〇一八二	六一〇四
九	二七二八	三三二八	三四六一	一〇三六六〇四	九六八二
六〇	一九九〇	一一九七三六	一一九八五四	二九九七	七九三二八九
一	一二六九	六一一七	六二二一	一〇二九三六四	六九二二

十度分	十度十分十秒	十度十分十秒	十度十分十秒	十度十分十秒	十度十分十秒
六二	〇五六六	二四七一	二五六二	五七〇五	八〇〇五八一
三	〇九八八二	一〇八七九九	一〇八八七九	二〇二二	四二六四
四	九二一八	五一〇五	五一七四	一〇一八三一七	七九六九
五	八五七二	一三九〇	一四五〇	四五九三	八一一六九三
六	七九四八	〇九七六五五	〇九七七〇六	〇八四九	五四三七
七	七三四六	三九〇一	三九四五	一〇〇七〇八八	九一九八
八	六七六六	〇一三二	〇一六九	三三一二	八二二九七四
九	六二〇六	〇八六三四七	〇八六三七八	〇九九九五二一	六七六五
七〇	五六六九	二五四五	二五七一	五七一四	八三〇五七二
一	五一五五	〇七八七三三	〇七八七五四	一八九七	四三八九
二	四六六四	四九〇九	四九二六	〇九八八〇六九	八二一七

三	四一九七	一〇四七	一〇八八	四二三一	八四二〇五五
四	三七五三	〇六七二三〇	〇六七二四一	〇三八四	五九〇二
五	三三三四	三三七八	三三八七	〇九七六五三〇	九七五六
六	〇二九四〇	〇五九五一八	〇五九五二五	〇九七二六六八	八五三六一八
七	二五六九	五六五三	五六五八	〇九六八八〇一	七四八五
八	二二二四	一七八一	一七八五	四九二八	八六一三五八
九	一九〇三	〇四七九〇五	〇四七九〇八	一〇五一	五二三五
八〇	一六〇六	四〇二五	四〇二七	〇九五七一七〇	九一一六
一	一三三五	〇一四一	〇一四二	三二八五	八七三〇〇一
二	一〇八九	〇三六二五四	〇三六二五四	〇九四九三九七	六八八九
三	〇八六八	二三六五	二三六五	五五〇八	八八〇七七八
四	〇六七一	〇二八四七五	〇二八四七五	一六一八	四六六八

十度分	十度十分十秒	十度十分十秒	十度十分十秒	十度十分十秒	十度十分十秒
八五	○五○○	四五八三	四五八三	○九三七七二六	八五六○
六	○三五五	○六九○	○六九○	三八三三	八九二四五三
七	○二三二	○一六七九六	○一六七九六	○九二九九三九	六三四七
八	○一三七	二九○二	二九○二	六○四五	九○○二四一
九	○○六七	○○九○○七	○○九○○七	二一五○	四一三六
九○	○○二一	五一一二	五一一二	○九一八二五五	八○三一
一	○○○一	一二一七	一二一七	四三六○	九一一九二六
一三一	○○○○	○○○○	○○○○	三一四三	三一四三

白道交周

推白赤道正交，距黃赤道正交極數。術曰：置實測白道出入黃道內外六度爲半弧弦，又爲大圓弧矢，又爲股弦差。置半徑六十○度八七五自之，得三千七百○五度七六五六二一五，以矢六度而一，得六百一十七度六十三分爲股弦和，加矢六度，共六百二十三度六十三分爲大圓徑。依法求得容闊五度七十分，又爲小句。又以二至出入半弧弦二十三度七十一分爲大句。以大句爲法，除大股五十六度〇六分五十秒，得二度三十七分（就整）爲度差。以度差乘小句，得小股一十三度四十七分八十二秒，爲容半長。置半徑六十〇度八七五爲大弦，以乘小句五度七十分爲實，以大句二十三度七十一分爲法除之，得一十四度六十三分爲小弦，又爲白赤道正交，距黃赤道正交半弧弦。依法求得半弧背一十四度六十六分，爲白赤道正交距黃赤道正交極數。

月道距差圖

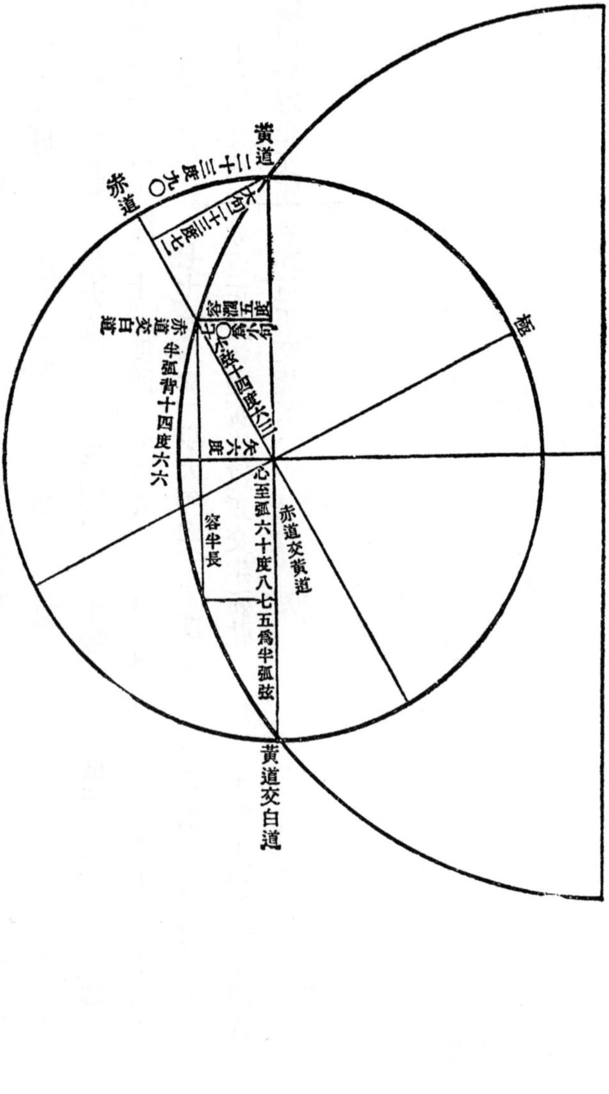

黃道二十三度九〇
赤道
大句二十三度七一
極
赤道交白道
赤半弧背十四度六六
矢六度
心至弧六十度八七五爲半弧弦
赤道交黃道
容半長
黃道交白道

明史卷三十三

志第九

曆三

大統曆法一下 法原

日月五星平立定三差（一）

太陽盈縮平立定三差之原

冬至前後盈初縮末限，八十八日九十一刻，就整。離爲六段，每段各得一十四日八十二刻。就整。各段實測日躔度數，與平行相較，以爲積差。

	積日	積差
第一段	一十四日八二	七千〇五十八分〇二五
第二段	二十九日六四	一萬二千九百七十六三九二

第三段　四十四日四六　一萬七千六百九十三七四六二

第四段　五十九日二八　二萬一千一百四十八七三二八

第五段　七十四日一〇　二萬三千二百七十九九九七

第六段　八十八日九二　二萬四千〇二十六一八四

各置其段積差，以其段積日除之，爲各段日平差。置各段日平差，與後段日平差相減，爲一差。置一差，與後段一差相減，爲二差。

	日平差	一差	二差
第一段	四百七十六分二五	三十八分四五	一分三八
第二段	四百三十七分八〇	三十九分八三	一分三八
第三段	三百九十七分九七	四十一分二一	一分三八
第四段	三百五十六分七六	四十二分五九	一分三八
第五段	三百一十四分一七	四十三分九七	
第六段	二百七十〇分二〇		

置第一段日平差，四百七十六分二十五秒，爲汎平積。以第二段二差一分三十八秒，去減第一段一差三十八分四十五秒，餘三十七分〇七秒，爲汎平積差。另置第一段二差

一分三十八秒，折半得六十九秒，爲汎立積差。以汎平積差三十七分〇七秒，加入汎平積四百七十六分二十五秒，共得五百一十三分三十二秒，爲定差。以汎立積差六十九秒，去減汎平積差三十七分〇七秒，餘三十六分三十八秒爲實，以段日一十四日八十二刻爲法除之，得二分四十六秒爲平差。置汎立積差六十九秒爲實，以段日爲法除二次，得三十一微，爲立差。

夏至前後縮初盈末限，九十三日七十一刻，就整。離爲六段，每段各得一十五日六十二刻。就整。各段實測日躔度數，與平行相較，以爲積差。

	積日	積差
第一段	一十五日六二	七千〇五十八分九九〇四
第二段	三十一日二四	一萬二千九百七十八六五八
第三段	四十六日八六	一萬七千六百九十六六七九
第四段	六十二日四八	二萬一千一百五十〇七二九六
第五段	七十八日一〇	二萬三千二百七十八四八六
第六段	九十三日七二	二萬四千〇百一十七六二四四

推日平差、一差、二差術，與盈初縮末同。

	日平差	一差	二差
第一段	四百五十一分九二	三十六分四七	一分三三
第二段	四百一十五分四五	三十七分八〇	一分三三
第三段	三百七十七分六五	三十九分一二	一分三三
第四段	三百三十八分五二	四十〇分四六	一分三三
第五段	二百九十八分〇六	四十一分七九	
第六段	二百五十六分二七		

置第一段日平差，四百五十一分九十二秒，爲汎平積。以第一段二差一分三十三秒，去減第一段一差三十六分四十七秒，餘三十五分一十四秒，爲汎平積差。另置第一段二差一分三十三秒折半，得六十六秒五十微，爲汎立積差。以汎平積差三十五分一十四秒，加入汎平積四百五十一分九十二秒，共四百八十七分〇六秒，爲定差。以汎立積差六十六秒五十微，去減汎平差三十五分一十四秒，餘三十四分四十七秒五十微爲實，以段日一十五日六二爲法除之，得二分二十一秒，爲平差。置汎立積差六十六秒五十微爲實，以段日爲法，除二次，得二十七微，爲立差。

凡求盈縮，以入曆初末日乘立差，得數以加平差，再以初末日乘之，得數以減定差，餘數以初末日乘之，爲盈縮積。

凡盈曆以八十八日九〇九二二五爲限，縮曆以九十三日七一二〇二五爲限。在其限已下爲初，以上轉減半歲周餘爲末。盈初是從冬至後順推，縮末是從冬至前逆溯，其距冬至同，故其盈積同。縮初是從夏至後順推，盈末是從夏至前逆溯，其距夏至同，故其縮積同。

盈縮招差圖

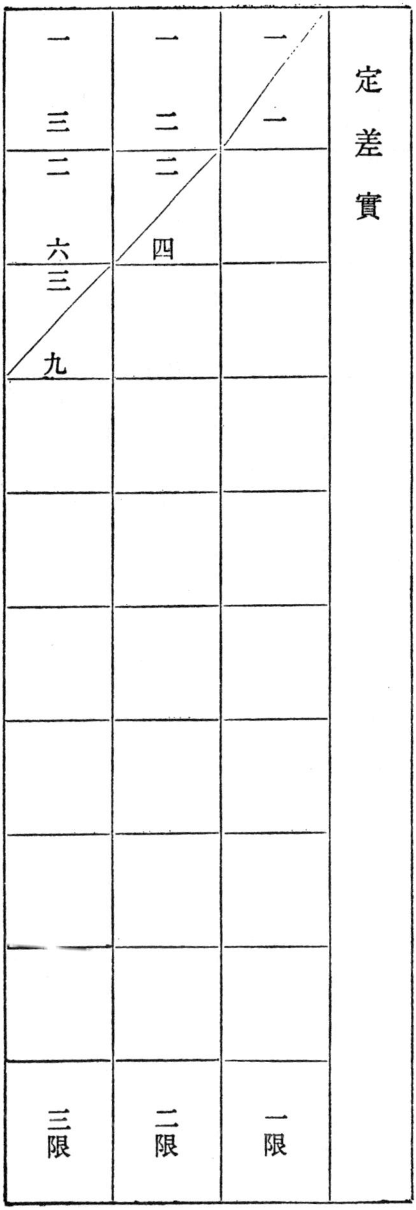

	一限	二限	三限
定差實	一 一	一 二	一 三
		二 四	二 六
			三 九

法	四限	五限	六限	七限	八限	九限定差
平差	一	一	一	一	一	一
立差	四	五	六	七	八	九
平差	二	二	二	二	二	二
立差	八	一十	十二	十四	十六	十八
平差	三	三	三	三	三	三
立差	十二	十五	十八	廿一	廿四	廿七
平差	四	四	四	四	四	四
立差	十六	二十	廿四	廿八	三十二	三十六
平差		五	五	五	五	五
立差		廿五	三十	三十五	四十	四十五
平差			六	六	六	六
立差			三十六	四十二	四十八	五十四
平差				七	七	七
立差				四十九	五十六	六十三
平差					八	八
立差					六十四	七十二
平差						九
立差						八十一

盈縮招差圖說

盈縮招差，本爲一象限之法。如盈曆則以八十八日九十一刻爲象限，縮曆則以九十三日七十一刻爲象限。今止作九限者，舉此爲例也。其空格九行定差本數，爲實也。其斜線以上平差立差之數，爲法也。斜線以下空格之定差，乃餘實也。假如定差爲一萬，平差爲一百，立差爲單一。今求九限法，以九限乘定差得九萬爲實。另置平差，以九限乘二次，得八千一百。置立差，以九限乘三次，得七百二十九。幷兩數得八千八百二十九爲法。以法減實，餘八萬一千一百七十一，爲九限積。又法，以九限乘平差得九百，又以九限乘立差二次得八十一，幷兩數得九百八十一爲法，定差一萬爲實，以法減實，餘九千零一十九，卽九限末位所書之定差也。於是再以九限乘餘實，得八萬一千一百七十一，爲九限積，與前所得同。蓋前法是先乘後減，又法是先減後乘，其理一也。

按授時曆於七政盈縮，並以垜積招差立算，其法巧合天行，與西人用小輪推步之法，殊途同歸。然世所傳九章諸書，不載其術，曆草載其術，而不言其故。宣城梅文鼎爲之圖解，於平差、立差之理，垜積之法，皆有以發明其所以然。有專書行於世，不能備錄，謹錄招差圖說，以明立法之大意云。

凡布立成

盈初縮末　置立差三十一微，以六因之，得一秒八十六微，爲加分立差。置平差二分四十六秒，倍之，得四分九十二秒，加入加分立差，得四分九十三秒八十六微，爲平立合差。置定差五百一十三分三十二秒，內減平差二分四十六秒，再減立差三十一微，餘五百一十〇分八十五秒六十九微，爲加分。

縮初盈末　置立差二十七微，以六因之，得一秒六十二微，爲加分立差。置平差二分二十一秒，倍之，得四分四十二秒，加入加分立差，得四分四十三秒六十二微，爲平立合差。置定差四百八十七分〇六秒，內減平差二分二十一秒，再減立差二十七微，餘四百八十四分八十四秒七十三微，爲加分。

已上所推，皆初日之數。其推次日，皆以加分立差，累加平立合差，爲次日平立合差。以平立合差減其日加分，爲次日加分。盈縮並同。其加分累積之，卽盈縮積，其數並見立成。

太陰遲疾平立定三差之原

太陰轉周二十七日五十五刻四六，測分四象，象各七段，四象二十八段，每段十二限，每象八十四限，凡三百三十六限，而四象一周。以四象爲法，除轉周日，得每象六日八八八六五，分爲七段，每段下實測月行遲疾之數，與平行相較，以求積差。

	積限	積差
第一段	一十二	一度二十八分七一二
第二段	二十四	二度四十五分九六一六
第三段	三十六	三度四十八分三七九二
第四段	四十八	四度三十二分五九五二
第五段	六十	四度九十五分二四
第六段	七十二	五度三十二分九四四
第七段	八十四	五度四十二分三三七六

各置其段積差，以其段積限爲法除之，爲各段限平差。置各段限平差，與後段相減爲一差。置一差，與後段一差相減爲二差。

	限平差	一差	二差
第一段	一十〇分七二六〇	四十七秒七六	九秒三六
第二段	一十〇分二四八四	五十七秒一二	九秒三六
第三段	九分六七七二	六十六秒四八	九秒三六
第四段	九分〇一二四	七十五秒八四	九秒三六

第五段　八分二五四〇　八十五秒二〇　九秒三六

第六段　七分四〇二〇　九十四秒五六

第七段　六分四五六四

置第一段限平差一十〇分七二六爲汎平積。置第一段一差四十七秒七六，以第一段二差九秒三六減之，餘三十八秒四十微，爲汎平積差。另置第一段二差九秒三十六微折半，得四秒六十八微，爲汎立積差。以汎平積差三十八秒四十微，加汎平積一十〇分七二六，得一十一分一十一秒，爲定差。置汎平積差三十八秒四十微，以汎立積差四秒六十八微減之，餘三十三秒七十二微爲實，以十二限爲法除之，得二秒八十一微，爲平差。置汎立積差四秒六十八微爲實，十二限爲法，除二次，得三微二十五纖，爲立差。

凡求遲疾，皆以入曆日乘十二限二十分，以在八十四限已下爲初，已上轉減一百六十八限餘爲末。各以初末限乘立差，得數以加平差，再以初末限乘之，得數以減定差，餘以初末限乘之，爲遲疾積。其初限是從最遲最疾處順推至後，末限是從最遲最疾處逆溯至前，其距最遲疾處同，故其積度同。太陰與太陽立法同，但太陽以定氣立限，故盈縮異數。太陰以平行立限，故遲疾同原。

布立成法　置立差三微二十五纖，以六因之，得一十九微五十纖，爲損益立差。置平差二秒八十一微，倍之，得五秒六十二微，再加損益立差一十九微五十纖，共得五秒八十一微，爲初限平立合差。自此以損益立差，累加之，卽每限平立合差。至八十限下，積至二十一秒四一五，爲平立合差之極。八十一限下差一秒七八〇九，八十二限下一秒七八〇八，至八十三限下，平立合差，與益分中分，爲益分之終。八十四限下差，亦與損分中分，爲損分之始。至八十六限下差，亦二十一秒四一五，自此以損益立差累減之，卽每限平立合差，至末限與初限同。置定差一十一分一十一秒，內減平差二秒八十一微，再減立差三微二十五纖，餘一十一分〇八秒一十五微七十五纖，爲加分定差，卽初限損益分。置損益分，以其限平立合差益減損加之，卽爲次限損益分。以益分積之，損分減之，便爲其下遲疾度。以八百二十分爲一限日率，累加八百二十分爲每限日率。以上俱詳立成。

五星平立定三差之原

凡五星各以實測，分其行度爲八段，以求積差，略如日月法。

木星　立差加，平差減。

	積日	積差
第一段	一十一日五十刻	一度二一五二九七一一五
第二段	二十三日	二度三四〇五二一四

第三段	三十四日五十刻	三度三五四一三七二六五
第四段	四十六日	四度二三四六〇九一二
第五段	五十七日五十刻	四度九六〇四〇一三七五
第六段	六十九日	五度五〇九九七八四四
第七段	八十〇日五十刻	五度八六一八〇四七二五
第八段	九十二日	五度九九四三四四六四

段	汎平差	汎平較	汎立較
第一段	一十分五六七八〇一	三十九秒一六二一	六秒二四二二
第二段	一十分一七六一八	四十五秒四〇四三	六秒二四二二
第三段	九分七二二一三七	五十一秒六四六五	六秒二四二二
第四段	九分二〇五六七二	五十七秒八八八七	六秒二四二二
第五段	八分六二六七八五	六十四秒一三〇九	六秒二四二二
第六段	七分九八五四七六	七十〇秒三七二一	六秒二四二二
第七段	七分二八一七四五	七十六秒六一五三	
第八段	六分五一五五九二		

各置其段所測積差度分爲實，以段日爲法除之，爲汎平差。各以汎平差與次段汎平差相較，爲汎平較。又以汎平較與次段汎平較相較，爲汎立較。置第一段汎平較三十九秒一六二一，減其下汎立較六秒二四二二，餘三十二秒九一九九，爲初段平立較。加初段汎平差一十分五六七八〇一，共得一十〇分八十九秒七十〇微，爲定差。秒置萬位。置初段平立較差三十二秒九一九九，內減汎立較之半，三秒一二一一，餘二十九秒七九八八，以段日一十一日五十刻除之，得二秒五十九微一十二纖，爲平差。置汎立差之半，三秒一二一一，以段日爲法除二次，得二微三十六纖，爲立差。

已上爲木星平立定三差之原。

火星盈初縮末。立差減，平差減。

	積日
第一段	七日六十二刻五十分
第二段	一十五日二十五刻
第三段	二十二日八十七刻五十分
第四段	三十〇日五十〇刻
第五段	三十八日一十二刻五十分

第六段　四十五日七十五刻
第七段　五十三日三十七刻五十分
第八段　六十一日
積差
第一段　六度二六八二五一二二八一八五五九三七五
第二段　一十一度六〇〇一七五七四三五九三七五
第三段　一十六度〇二五九六三七九二五一九五三一二五
第四段　一十九度六六九〇一三六二一二五
第五段　二十二度二七九八九一四七六〇七四二一八七五
第六段　二十四度一六八二二八六〇三二八一二五
第七段　二十五度三三一五五六二四九二六〇一五六二五
第八段　二十五度六一九五一五六六
汎平差
第一段　八十二分〇六五七三四八四三七五
第二段　七十六分〇六六七二六一六七五

第三段　七十〇分〇五八八五八一〇九三七五
第四段　六十四分一八二九六九二五
第五段　五十八分四三九〇五九六〇九三七五
第六段　五十二分八二七一二九一八七五
第七段　四十七分三四七一七七九八四三七五
第八段　四十一分九九九二〇六

汎平較

第一段　六分一三九八四七二九六八七五
第二段　六分〇〇七八六八〇七八一二五
第三段　五分八七五八八八五九三七五
第四段　五分七四三九〇九六四〇六二五
第五段　五分六一一九三〇四二一八七五
第六段　五分四七九五一二〇三一二五
第七段　五分三四七九七一九八四三七五

汎立較

第一段　一十三秒一九七九二一八七五

第二段　一十三秒一九七九二一八七五

第三段　一十三秒一九七九二一八七五

第四段　一十三秒一九七九二一八七五

第五段　一十三秒一九七九二一八七五

第六段　一十三秒一九七九二一八七五

汎平較前多後少，應加汎立較。　置初段下汎平較六分一三九八四七二九六八七五，加汎立較一十三秒一九七九二一八七五，得六分二七一八二六五一五六二五，爲初日下平立較。　置初段汎平差八十二分二十〇秒六五七三四八四三七五，加初日下平立較六分二七一八二六五一五六二五，得八十八分四十七秒八十四微，爲定差。　置初日下平立較六分二七一八二六五一五六二五，加汎立較之半，六秒五九八九六〇九三七五，得六分三三七八一六一二五爲實，以段日而一，得八十三秒一十一微八十九纖，爲平差。　置汎立較之半，六秒五九八九六〇九三七五，以段日七日六十二刻五十分爲法除二次，得一十一微三十五纖爲立差。

火星縮初盈末　平差負減，立差減。

積日

第一段　一十五日二十五刻

第二段　三十〇日五十刻

第三段　四十五日七十五刻

第四段　六十一日

第五段　七十六日二十五刻

第六段　九十一日五十刻

第七段　一百〇六日七十五刻

第八段　一百二十二日

積差

第一段　四度五三一二五一八五七九六八七五

第二段　九度一〇二九六一四五一二五

第三段　一十三度五三一六七〇九〇一七七三七五

第四段　一十七度四七八九七九〇四

第五段　二十〇度八四三六六三〇六六四〇六二五

第六段　二十三度四三一三三六二四一二五
第七段　二十五度〇九二四三五二八三四六八七五
第八段　二十五度六一八三七四七二

汎平差

第一段　二十九分七一三一二六九三七五
第二段　二十九分八四五七七五二五
第三段　二十九分五七八三五五〇六二五
第四段　二十八分六五四〇六四
第五段　二十七分三三九五一五六二五
第六段　二十五分六一八〇一七七五
第七段　二十三分五〇六二六二五六二五
第八段　二十〇分九九八六八六

汎平較　汎立較

第一段　一十三秒二六四八三一二五　一十三秒五七六九七七五
第二段　二十六秒八四一八〇八七五　六十五秒五八七二九七五

第三段　九十二秒四二九一〇六二五　三十九秒五八二一三七五

第四段　一分三三〇一一二四三七五　三十九秒五八二一三七五

第五段　一分七一五九三三八一二五　三十九秒五八二一三七五

第六段　二分一一七五五一八七五　三十九秒五八二一三七五

第七段　二分五〇七五七六五六二五

取汎立較均停者，三十九秒五八二一三七五，以較一段下汎平較一十三秒二六四八三一二五，餘二十六秒三一七三〇六二五爲較較，以加一段下汎平差二十九分七一三一二六九三七五，得二十九分九十七秒六十三微，爲定差。　置較較二十六秒三一七三〇六二五，以段日一十五日二十五刻而一，得一秒七二五七二五。再置汎立較之半一十九秒七九一〇六八七五，以段日而一，得一秒二九七七七五。兩數並得三秒〇二微三十五纖，爲平差。　置汎立較之半一十九秒七九一〇六八七五，以段日一十五日二五爲法除二次，得八微五十一纖，爲立差。

已上爲火星平立定三差之原。

土星盈曆　立差加，平差減。

積日　　積差

第一段	一十一日五十刻	一度六八三二四五八二八七五
第二段	二十三日	三度二三二一六四〇一
第三段	三十四日五十刻	四度六二〇九三〇〇八六二五
第四段	四十六日	五度八二三七一九六
第五段	五十七日五十刻	六度八一四七〇八六六八七五
第六段	六十九日	七度五六八〇七一一
第七段	八十〇日五十刻	八度〇五七九八四一九一二五
第八段	九十二日	八度二五八六二二八八

	汎平差	汎平較	汎立較
第一段	一十四分六三六九二〇二五	五十八秒四〇三三二五	七秒四八五三五
第二段	一十四分〇五二八八七	六十五秒八八六七五	七秒四八五三五
第三段	一十三分三九四〇〇〇二五	七十三秒三七四〇二五	七秒四八五三五
第四段	一十二分六六〇二六	八十〇秒八五九三七五	七秒四八五三五
第五段	一十一分八五一六六六二五	八十八秒三四四七二五	七秒四八五三五
第六段	一十一分九六八二一九	九十五秒八三〇〇七五	七秒四八五三五

第七段　一十〇分〇〇九九一八二五　一分〇三秒三一五四二五

第八段　八分九七六七六四

置第一段下汎平較，內減其下汎立較，餘五十〇秒九一七九七五，爲平立較。　以平立較，加本段汎平差，得一十五分一十四秒六十一微，爲定差。　置平立較，內減汎立較之半，三秒七四二六七五，餘四十七秒一七五三，以段日十一日五十刻而一，得四秒一十〇微二十二纖，爲平差。　置汎立較之半，以段日除二次，得二微八十三纖，爲立差。

土星縮曆　立差加，平差減。

	積日	積差
第一段	一十一日五十刻	一度二四一九七四二六八七五
第二段	二十三日	二度四一三七三五五六九
第三段	三十四日五十刻	三度四八五〇七九六八六二五
第四段	四十六日	四度四二五八〇一六八
第五段	五十七日五十刻	五度二〇五六九七〇九三七五
第六段	六十九日	五度七九四五六一三五
第七段	八十〇日五十刻	六度一六二四一一〇〇四七五

第八段　九十二日　六度二七八三七八〇八

	汎平差	汎平較	汎立較
第一段	一十分七九九七七六二五	三十〇秒五二七三二五	八秒七五四九五
第二段	一十分四九四五〇三	三十九秒二八二二七五	八秒七五四九五
第三段	一十分一〇一六八〇二五	四十八秒〇三七二三五	八秒七五四九五
第四段	九分六二一三〇八	五十六秒七九二一七五	八秒七五四九五
第五段	九分〇五三三八六二五	六十五秒五四七一二五	八秒七五四九五
第六段	八分三九七九一五	七十四秒三〇三〇七五	八秒七五四九五
第七段	七分六五四八九四二五	八十三秒〇五七〇七五	
第八段	六分八二四三二四		

置一段汎平較，內減其下汎立較，餘二十一秒七七二三七五，爲平立較。以平立較加入本段汎平差，得一十一分〇一秒七十五微，爲定差。　置平立較，內減汎立較之半，四秒三七七四七五，餘一十七秒三九四九，以段日一十一日五十刻爲法除之，得一秒五十一微二十六纖，爲平差。　置汎立較之半，以段日爲法除二次，得三微三十一纖，爲立差。

已上爲土星平立定三差之原。

金星 立差加，平差減。

	積日	積差
第一段	一十一日五十刻	空度四〇二一三四〇九八七五
第二段	二十三日	空度七九一三九三六六
第三段	三十四日五十刻	一度一五四九一二〇八一二五
第四段	四十六日	一度七四九八二二七六
第五段	五十七日五十刻	一度七五三二五九〇九三七五
第六段	六十九日	一度九六二三五四四八
第七段	八十〇日五十刻	二度〇九四二四二三一六二五
第八段	九十二日	二度一三六〇五六

	汎平差	汎平較	汎立較
第一段	三分四九六八一八二五	五秒五九七六二五	三秒七二九四五
第二段	三分四四〇八四二〇〇	九秒三二七〇七五	三秒七二九四五
第三段	三分三四七五七一二五	一十三秒〇六五五二五	三秒七二九四五
第四段	三分二一七〇〇六	一十六秒七八五九七五	三秒七二九四五

第五段	三分〇四九一四六二五	二十〇秒五一五四二五	三秒七二九四五
第六段	二分八四三九九二	二十四秒二四四八七五	三秒七二九四五
第七段	二分六〇一五四三二五	二十七秒九七四三二五	
第八段	二分三二一八		

置一段下汎平較，與其汎立較相減，餘一秒八六八一七五爲平立較，以加汎平差，得三分五十一秒五十五微，爲定差。置平立較，與汎立較之半，一秒八六四七二五相減，餘三十四纖，以段日一十一日五十刻爲法除之，得三纖，爲平差。置汎立較之半，以段日爲法除二次，得一微四十一纖，爲立差。

已上爲金星平立定三差之原。

水星　立差加，平差減。

	積日	積差
第一段	一十一日五十刻	空度四四〇八四七三五三七五
第二段	二十三日	空度八六三一〇一六八
第三段	三十四日五十刻	一度二五三八九六三七六二五
第四段	四十六日	一度六〇〇三六四八四

第五段	五十七日五十刻	一度八八九六三一〇四三七五
第六段	六十九日	二度一〇八八五六六六
第七段	八十〇日五十刻	二度二四五二九二一一三七五
第八段	九十二日	二度二八五六四四三二

	汎平差	汎平較	汎立較
第一段	三分八三三四五五二五	八秒〇八三九二五	三秒七二九四五
第二段	三分七五二六一六	一十一秒八一三三七五	三秒七二九四五
第三段	三分六三四四八二二五	一十五秒五四二八二五	三秒七二九四五
第四段	三分四七九〇五四	一十九秒二七二二七五	三秒七二九四五
第五段	三分二八六三三一二五	二十三秒〇〇一七二五	三秒七二九四五
第六段	三分〇五六三一四	二十六秒七三二一七五	三秒七二九四五
第七段	二分七八九〇〇二二五	三十〇秒四六〇六二五	
第八段	二分四八四三九六		

術同金星，求得定差三分八十七秒九十微，平差二十一微六十五纖，立差一微四十一纖。

已上爲水星平立定三差之原。

右五星，皆以立差爲秒，平差爲本，定差爲總。五星各以段次因秒，木土金水四星併本，惟火星較本，各以積日而積，五星皆較總，又各以積日乘之，得各實測之度分。

五星積日，皆以度率，除周日得三百六十五度二十五分太。各以四分之一爲象限，惟火星用象限三之一，減象限爲盈初縮末限，加象限爲縮初盈末限。其命度爲日者，爲各取盈縮曆乘除之便，其實積日之數，卽積度也。

里差刻漏

求二至差股及出入差。術曰：置所測北極出地四十度九十五分爲半弧背，以前割圓弧矢法，推得出地半弧弦三十九度二十六分，爲大三斜中股。置測到二至黃赤道內外度二十三度九十分爲半弧背，以前法推得內外半弧弦二十三度七十一分。又爲黃赤道大句，又爲小三斜弦。置內外半弧弦自之爲句冪，半徑自之爲弦冪，二冪相減，開方得股，以股轉減半徑，餘四度八十一分爲二至出入矢，卽黃赤道內外矢。夏至日，南至地平七十四度二十六分半爲半弧背，求得日下至地半弧弦五十八度四十五分。半徑六十〇度八十七分半，爲大三斜中弦。置大三斜中股三十九度二十六分，以二至內外半弧弦二十三度七十一分乘之爲實，以半徑六十〇度八十七分半爲法除之，得一十五度二十九分，爲小三斜中股。又爲小股。置小三斜中股一十五度二十九分，去減日下至地半弧弦五十八度四十五分，餘四十三度一十六分，爲大股。以出入矢四度八十一分，去減半徑六十〇度八十七分半，餘五十六度〇六分半，爲大股弦。置大股弦，以小股一十五度二九乘之爲實，大股四十三度一六爲法除之，得一十九度八十七分爲小弦，卽爲二至出入差半弧弦。置二至出入差半弧弦，依法求到二至出入差半弧背一十九度九十六分一十四秒。置二至出入差半弧背一十九度九六一四，以二至黃赤道內外半弧弦二十三度七十一分除之，得八十四分一十九秒，爲度差分。

求黃道每度晝夜刻。術曰：置所求每度黃赤道內外半弧弦，以二至出入差半弧背乘之爲實，二至黃赤道內外半弧弦爲法除之，爲每度出入差半弧背。又術：置黃赤道內外半弧弦，以度差八十四分一十九秒乘之，亦得出入差半弧背。置半徑內減黃赤道內外矢，即赤道二弦差，見前條立成。餘數倍之，又三因之，得數加一度，爲日行百刻度。又術：以黃赤道內外矢倍之，以減全徑餘數，三因加一度，爲日行百刻度，亦同。置每度出入半弧背，以百刻乘之爲實，日行百刻度爲法除之，得數爲出入差刻。置二十五刻，以出入差刻視黃道，在赤道內加之，在赤道外減之，得數爲半晝刻，倍之爲晝刻，以減百刻，爲夜刻。

如求冬至後四十四度晝夜刻。術曰：置冬至後四十四度黃赤道內外半弧弦一十七度二十五分六十九秒，又爲黃赤道小弧弦，前立成中取之。以二至出入差半弧背一十九度九十六分一十四秒乘之爲實，以二至黃赤道內外半弧弦二十三度七十一分爲法除之，得一十四度五十二分八十五秒，爲出入半弧背。又法：置黃赤道內外半弧弦一十七度二五六九，以度差○度八四一九乘之，亦得一十四度五二八五，爲出入半弧背。置半徑六十○度八七五，以四十四度黃赤道內外矢二度五十一分八十一秒又爲赤道二弦差，前立成中取之。減之，餘五十八度三十五分六十九秒，即赤道小弦。倍之，得一百一十六度七十一分三十八秒，三因之，加一度，得三百五十一度一十四分一十四秒，爲日行百刻度。又術：倍黃赤道內外矢得五度○三分六十二秒，以減全徑一百二十一度七十五分，亦得一百一十六度七十一分三十八秒，三因加一度，爲日行百刻度，亦同。置出入半弧背一十四度五十二分八十五秒，以百刻乘之爲實，以日行百刻度三百五十一度一十四分一十四秒爲法除之，得四刻一十三分七十五秒，爲出入差刻。置二十五刻，以出入差刻四刻一十三分七十五秒減之，因冬至後四十四度，黃道在赤道外，故減。餘二十○刻八十六分二十五秒，爲半晝刻。倍之得四十一刻七十二分半，爲晝刻。以晝刻減百刻，餘五十八刻二十七分半，爲夜刻。又術：置出入差刻四刻一十三分七十五秒，倍之，得八刻二十七分半，以減春秋分晝夜五十刻，得四十一刻七十二分半，爲晝刻。以倍刻加五十刻，得五十八刻二十七分半，爲夜刻。晝減故夜加，餘倣此。

黃道每度晝夜刻立成

黃道積度	出入半弧背	日行百刻度	出入差刻分	冬至前後晝 夏至前後夜	冬至前後夜 夏至前後晝
十度十分	十度十分十秒	百十度十分十秒	刻十分十秒	十刻十分十秒	十刻十分十秒
初	一九九六一四	三三七一六〇八	五九二〇四	三八一五九二	六一八四〇八
一	九五八七	一六八六	九一九五	一六一〇	八三九〇
二	九五〇六	一九三八	九一六六	一六六八	八三三二
三	九三七二	二三四六	九一一九	一七六二	八二三八
四	九一八三	二九二二	九〇五三	一八九四	八一〇六
五	八九四〇	三六六〇	八九六八	二〇六四	七九三六
六	八六四二	四五五四	八八六四	二二七二	七七二八
七	八二九一	五六一六	八七四二	二五一六	七四八四
八	七八八四	六八四〇	八六〇〇	二八〇〇	七二〇〇

十度十分	十度十分十秒	百十度十分十秒	刻十分十秒	十刻十分十秒	十刻十分十秒
九	七四二二	八二二六	八四三九	三一二二	六八七八
一〇	六九〇六	九七八〇	八二六〇	三四八〇	六五二〇
一一	六三三三	三三八一四九〇	八〇六一	三八七八	六一二二
一二	五七〇五	三三五六	七八四三	四三一四	五六八六
一三	五〇二一	五三七八	七六〇六	四七八八	五二一二
一四	四二八〇	七五六八	七三五〇	五三〇〇	四七〇〇
一五	三四八三	九九二〇	七〇七六	五八四八	四一五二
一六	二六二八	三三九二四〇〇	六七八二	六四三六	三五六四
一七	一七一八	五〇六八	六四六八	七〇六四	二九三六
一八	〇七四九	七八六四	六一三八	七七二四	二二七六
一九	一八九七二三	三四〇〇八一〇	五七八七	八四二六	一五七四

二〇	八六三八	三九一二	五四一八	九一六四	〇八三六
二一	七四九六	七一五二	五〇三〇	九九四〇	〇〇六〇
二二	六二九四	三四一〇五三六	四六二三	三九〇七五四	六〇九二四六
二三	五〇三四	四〇五二	四一九七	一六〇六	八三九四
二四	三七一六	七七一二	三七五四	二四九二	七五〇八
二五	二三三九	三四二一四九二	三二九二	三四一六	六五八四
二六	〇九〇三	五四〇四	二八一二	四三七六	五六二四
二七	一七九四〇八	九四三六	二三一四	五三七二	四六二八
二八	七八五四	三四三三五九四	一七九八	六四〇四	三五九六
二九	六二四二	七九八〇	一二六三	七四七四	二五二六
三〇	四五七二	三四四二二三四	〇七一四	八五七二	一四二八
三一	二八四二	六七一六	〇一七四	九七〇六	〇二九四

十度十分	十度十分十秒	百十度十分十秒	刻十分十秒	十刻十分十秒	十刻十分十秒
三二	一〇五五	三四五一二九四	四九五六二	四〇〇八七六	五九九一二四
三三	一六九二一〇	五九五六	八九六一	二〇七八	七九二二
三四	七三〇九	三四六〇七〇八	八三四五	三三一〇	六六九〇
三五	五三五〇	五五三八	七七一二	四五七六	五四二四
三六	三三三五	三四七〇四四〇	七〇六四	五八七二	四一二八
三七	二二六四	五四一四	六四〇一	七一九八	二八〇二
三八	一五九一三九	三四八〇四四二	五七二三	八五五四	一四四六
三九	六九五九	五五一八	五〇三一	九九三八	〇〇六二
四〇	四七二六	三四九〇六四二	四三二六	四一一三四八	五八八六五二
四一	二四四二	五八〇二	三六〇七	二七八六	七二一四
四二	〇一〇七	三五〇〇九八六	二八七五	四二五〇	五七五〇

四三	一四七七二〇	六一九四	二一三一	五七三八	四二六二
四四	五二八五	三五一一四一四	一三七五	七二五〇	二七五〇
四五	二八〇三	六六四〇	〇六〇七	八七八六	一二一四
四六	〇二七四	三五二一八六六	三九八二九	四二〇三四二	五七九六五八
四七	一三七七〇〇	七〇八〇	九〇四〇	一九二〇	八〇八〇
四八	五〇八二	三五三二二七〇	八二四〇	三五一六	六四八四
四九	二四二一	七四四二	七四三四	五一三三	四八六八
五〇	一二九七二〇	三五四二五七八	六六一七	六七六六	三二三四
五一	六九七七	七六七二	五七九一	八四一八	一五八二
五二	四一九九	三五五二七一八	四九五九	四三〇〇八二	五六九九一八
五三	一三八八	七七一〇	四一一九	一七六二	八二三八
五四	一一八五三九	三五六二六三六	三二七三	三四五四	六五四六

十度十分	十度十分十秒	百十度十分十秒	刻十分十秒	十刻十分十秒	十刻十分十秒
五五	五六五七	七五〇二	二四一九	五一六二	四八三八
五六	二七四三	三五七二二八四	一五六〇	六八八〇	三一二〇
五七	一〇九八〇〇	六九九四	〇六九六	八六〇八	一三九二
五八	六八二八	三五八一六〇二	二九八二七	四四〇三四六	五五九六五四
五九	三八二九	六一三二	八九五二	二〇九六	七九〇四
六〇	〇八〇五	三五九〇五六〇	八〇七四	三八五二	六一四八
六一	九七七五八	四八八六	七一九三	五六一四	四三八六
六二	四六八九	九一〇四	六三〇九	七三八二	二六一八
六三	一五九七	三六〇三二〇八	五四二〇	九一六〇	〇八四〇
六四	八八四八七	七一九二	四五三〇	四五〇九四〇	五四九〇六〇
六五	五三六〇	三六一一〇〇八	三六三八	二七二四	七二七六

六六	二二一五	四八一二	二七四四	四五一二	五四八八
六七	七九〇五四	八四二四	一八四七	六三〇六	三六九四
六八	五八八二	三六二一九〇四	〇九五〇	八一〇〇	一九〇〇
六九	二六九五	五二六四	〇〇五二	九八九六	〇一〇四
七〇	六九四九四	八四八六	一九一五一	四六一六九六	五三八三〇四
七一	六二八五	三六三一五七〇	八二五二	三四九六	六五〇四
七二	三〇六五	四五一六	七三五一	五二九八	四七〇一
七三	五九八三七	七三一八	六四五〇	七一〇〇	二九〇〇
七四	六六〇〇	九九八二	五五四九	八九〇二	一〇九八
七五	三三五七	三六四二四九六	四六四八	四七〇七〇四	五二九二九六
七六	〇一〇八	四八七〇	三七四七	二五〇六	七四九四
七七	四六八五四	七〇八六	二八四六	四三〇八	五六九二

十度十分	十度十分十秒	百十度十分十秒	刻十分十秒	十刻十分十秒	十刻十分十秒
七八	三五九四	九一五六	一九四六	六一〇八	三八九二
七九	〇三三一	三六五一〇八二	一〇四六	七九〇八	二〇九二
八〇	三七〇六四	二八六四	〇一四六	九七〇八	〇二九二
八一	三七九四	四四九〇	〇九二四六	四八一五〇八	五一八四九二
八二	〇五七八	五九六六	八三四六	三三〇八	六六九二
八三	二七二四九	七二九二	七四四九	五一〇二	四八九八
八四	三九七三	八四七四	六五五二	六八九六	三一〇四
八五	〇六九六	九五〇〇	五六五五	八六九〇	一三一〇
八六	一七六一八	三六六〇三七〇	四七五八	四九〇四八四	五〇九五一六
八七	四一四〇	一一〇八	三八六二	二二七六	七七二四
八八	〇八六二	一六七八	二九六六	四〇六八	五九三二

八九	○七五八二	二○九八	二○七○	五八六○	四一四○
九○	四三○三	二三七四	一一七四	七六五二	二三四八
九一	一○二四	二四九四	○二七九	九四四二	○五五八
九一三一	○○○○	三六六二五○○	○○○○	五○○○○○	五○○○○○

右曆草所載晝夜刻分，乃大都（即燕京）晷漏也。夏晝、冬夜極長，六十一刻八十四分，冬晝、夏夜極短，三十八刻一十六分。明既遷都於燕，不知遵用。惟正統己巳奏准頒曆用六十一刻，而羣然非之。景泰初仍復用南京晷刻，終明之世未能改正也。

二至出入差圖

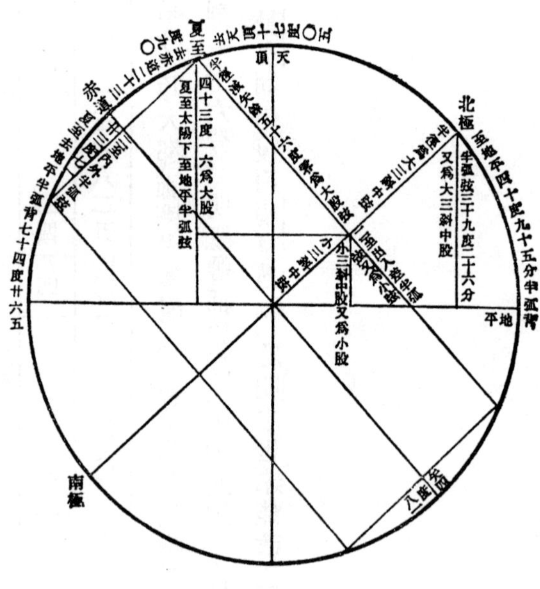

校勘記

〔一〕日月五星平立定三差　此標題原脫，據本書卷三十二第一段「法原之目七」所列第六目補。

明史卷三十四

志第十

曆四

大統曆法二 立成

立成者，以日月五星盈縮遲疾之數，預爲排定，以便推步取用也。元志、曆經步七政盈縮遲疾，皆有二術。其一術以三差立算者，卽布立成法也。其又術云，以其下盈縮分，乘入限分萬約之，以加其下盈縮積者，用立成法也。而遺立成未載，無從入算。今依大統曆通軌具錄之。其目四：曰太陽盈縮，曰晨昏分，曰太陰遲疾，曰五星盈縮。餘詳法原及推步卷中。按元史，至正十七年授時曆成。十九年王恂卒，時曆雖頒，然立成之數尚皆未有定藁。郭守敬比類編次，整齊分秒，裁爲二卷。而今欽天監本，載嘉議大夫太史令臣王恂奉敕撰。意者王先有藁，而郭卒成之歟？

太陽盈初縮末限立成 冬至前後二象限同用

積日	平立合差	盈加分	盈積度	盈行度
十日	分十秒十微	百十分十秒十微	萬千百十分十秒十微	度千百十分十秒
初	四九三八六	五一〇八五六九		一〇五一〇八五
一	四九五七二	五〇五九一八三	五一〇八五六九	一〇五〇五九一
二	四九七五八	五〇〇九六一一	一〇一六七七五二	一〇五〇〇九六
三	四九九四四	四九五九八五三	一五一七七三六三	一〇四九五九八
四	五〇一三〇	四九〇九九〇九	二〇一三七二一六	一〇四九〇九九
五	五〇三一六	四八五九七七九	二五〇四七一二五	一〇四八五九七
六	五〇五〇二	四八〇九四六三	二九九〇六九〇四	一〇四八〇九四
七	五〇六八八	四七五八九六一	三四七一六三六七	一〇四七五八九
八	五〇八七四	四七〇八二七三	三九四七五三二八	一〇四七〇八二

九	五一〇六〇	四六五七三九九	四四一八三六〇一	一〇四六五七三
一〇	五一二四六	四六〇六三三九	四八八四一〇〇〇	一〇四六〇六三
一一	五一四三二	四五五五〇九三	五三四四七三三九	一〇四五五五〇
一二	五一六一八	四五〇三六六一	五八〇〇二四三二	一〇四五〇三六
一三	五一八〇四	四四五二〇四三	六二五〇六〇九三	一〇四四五二〇
一四	五一九九〇	四四〇〇二三九	六六九五八一三六	一〇四四〇〇二
一五	五二一七六	四三四八二四九	七一三五八三七五	一〇四三四八二
一六	五二三六二	四二九六〇七三	七五七〇六六二四	一〇四二九六〇
一七	五二五四八	四二四三七一一	八〇〇〇二六九七	一〇四二四三七
一八	五二七三四	四一九一一六三	八四二四六四〇八	一〇四一九一一
一九	五二九二〇	四一三八四二九	八八四三七五七一	一〇四一三八四
二〇	五三一〇六	四〇八五五〇九	九二五七六〇〇〇	一〇四〇八五五

十日	分十秒十微	百十分十秒十微	萬千百十分十秒十微	度千百十分十秒
二一	五三二九二	四〇三二四〇三	九六六六一五〇九	一〇四〇三二四
二二	五三四七八	三九七九一一一	一〇〇六九三九一二	一〇三九七九一
二三	五三六六四	三九二五六三三	一〇四六七三〇二三	一〇三九二五六
二四	五三八五〇	三八七一九六九	一〇八五九八六五六	一〇三八七一九
二五	五四〇三六	三八一八一一九	一一二四七〇六二五	一〇三八一八一
二六	五四二二二	三七六四〇八三	一一六二八八七四四	一〇三七六四〇
二七	五四四〇八	三七〇九八六一	一二〇〇五二八二七	一〇三七〇九八
二八	五四五九四	三六五五四五三	一二三七六二六八八	一〇三六五五四
二九	五四七八〇	三六〇〇八五九	一二七四一八一四一	一〇三六〇〇八
三〇	五四九六六	三五四六〇七九	一三一〇一九〇〇〇	一〇三五四六〇
三一	五五一五二	三四九一一一三	一三四五六五〇七九	一〇三四九一一

三二	五五三三八	三四三五九六一	一二八〇五六一九二	一〇三四三五九
三三	五五五二四	三三八〇六二三	一四一四九二一五三	一〇三三八〇六
三四	五五七一〇	三三二五〇九九	一四四八七二七七六	一〇三三二五〇
三五	五五八九六	三二六九三八九	一四八一九七八七五	一〇三二六九三
三六	五六〇八二	三二一三四九三	一五一四六七二六四	一〇三二一三四
三七	五六二六八	三一五七四一一	一五四六八〇七五七	一〇三一五七四
三八	五六四五四	三一〇一一四三	一五七八三八一六八	一〇三一〇一一
三九	五六六四〇	三〇四四六八九	一六〇九三九三一一	一〇三〇四四六
四〇	五六八二六	二九八八〇四九	一六三九八四〇〇〇	一〇二九八八〇
四一	五七〇一二	二九三一二二三	一六六九七二〇四九	一〇二九三一二
四二	五七一九八	二八七四二一一	一六九九〇三二七二	一〇二八七四二
四三	五七三八四	二八一七〇一三	一七二七七七四八三	一〇二八一七〇

十日	分十秒十微	百十分十秒十微	萬千百十分十秒十微	度千百十分十秒
四四	五七五七〇	二七五九六二九	一七五五九四四九六	一〇二七五九六
四五	五七七五六	二七〇二〇五九	一七八三五四一二五	一〇二七〇二〇
四六	五七九四二	二六四四三〇三	一八一〇五六一八四	一〇二六四四三
四七	五八一二八	二五八六三六一	一八三七〇〇四八七	一〇二五八六三
四八	五八三一四	二五二八二三三	一八六二八六八四八	一〇二五二八二
四九	五八五〇〇	二四六九九一九	一八八八一五〇八一	一〇二四六九九
五〇	五八六八六	二四一一四一九	一九一二八五〇〇〇	一〇二四一一四
五一	五八八七二	二三五二七三三	一九三六九六四一九	一〇二三五二七
五二	五九〇五八	二二九三八六一	一九六〇四九一五二	一〇二二九三八
五三	五九二四四	二二三四八〇三	一九八三四三〇一三	一〇二二三四八
五四	五九四三〇	二一七五五五九	二〇〇五七七八一六	一〇二一七五五

五五	五九六一六	二一一六一二九	二〇二七五三三七五	一〇二一一六一
五六	五九八〇二	二〇五六五一三	二〇四八六九五〇四	一〇二〇五六五
五七	五九九八八	一九九六七一一	二〇六九二六〇一七	一〇一九九六七
五八	六〇一七四	一九三六七二三	二〇八九二二七二八	一〇一九三六七
五九	六〇三六〇	一八七六五四九	二一〇八五九四五一	一〇一八七六五
六〇	六〇五四六	一八一六一八九	二一二七三六〇〇〇	一〇一八一六一
六一	六〇七三二	一七五五六四三	二一四五五二一八九	一〇一七五五六
六二	六〇九一八	一六九四九一一	二一六三〇七八三二	一〇一六九四九
六三	六一一〇四	一六三三九九三	二一八〇〇二七四三	一〇一六三三九
六四	六一二九〇	一五七二八八九	二一九六三六七三六	一〇一五七二八
六五	六一四七六	一五一一五九九	二二一二〇九六二五	一〇一五一一五
六六	六一六六二	一四五〇一二三	二二二七二一二二四	一〇一四五〇一

十日	分十秒十微	百十分十秒十微	萬千百十分十秒十微	度千百十分十秒
六七	六一八四八	一三八八四六一	二二四一七一三四七	一〇一三八八四
六八	六二〇三四	一三二六六一三	二二五五五九八〇八	一〇一三二六六
六九	六二二二〇	一二六四五七九	二二六八八六四二一	一〇一二六四五
七〇	六二四〇六	一二〇二三五九	二二八一五一〇〇〇	一〇一二〇二三
七一	六二五九二	一一三九九五三	二二九三五三三五九	一〇一一三九九
七二	六二七七八	一〇七七三六一	二三〇四九三三一二	一〇一〇七七三
七三	六二九六四	一〇一四五八三	二三一五七〇六七三	一〇一〇一四五
七四	六三一五〇	〇九五一六一九	二三二五八五二五六	一〇〇九五一六
七五	六三三三六	八八八四六九	二三三五三六八七五	一〇〇八八八四
七六	六三五二二	八二五一三三	二三四四二五三四四	一〇〇八二五一
七七	六三七〇八	七六一六一一	二三五二五〇四七七	一〇〇七六一六

七八	六三八九四	六九七九〇三	二三六〇一二〇八八	一〇〇六九七九
七九	六四〇八〇	六三四〇〇九	二三六七〇九九九一	一〇〇六三四〇
八〇	六四二六六	五六九九二九	二三七三四四〇〇〇	一〇〇五六九九
八一	六四四五二	五〇五六六三	二三七九一三九二九	一〇〇五〇五六
八二	六四六三八	四四一二一一	二三八四一九五九二	一〇〇四四一二
八三	六四八二四	三七六五七三	二三八八六〇八〇三	一〇〇三七六五
八四	六五〇一〇	三一一七四九	二三九二三七三七六	一〇〇三一一七
八五	六五一九六	二四六七三九	二三九五四九一二五	一〇〇二四六七
八六	六五三八二	一八一五四三	二三九七九五八六四	一〇〇一八一五
八七	六五五六八	一一六一六一	二三九九七七四〇七	一〇〇一一六一
八八	六五七五四	五〇五九三	二四〇〇九三五六八	一〇〇〇五〇五
八九	〇〇〇〇〇	〇〇〇〇〇	二四〇一四四一六一	一〇〇〇〇〇〇

太陽縮初盈末限立成　夏至前後二象限同用

積日	平立合差	縮加分	縮積度	縮行度
十日	分十秒十微	百十分十秒十微	萬千百十分十秒十微	度千百十分十秒
初	四四三六二	四八四八四七三		九五一五一六
一	四四五二四	四八〇四一一一	四八四八四七三	九五一九五九
二	四四六八六	四七五九五八七	九六五二五八四	九五二四〇五
三	四四八四八	四七一四九〇一	一四四一二一七一	九五二八五一
四	四五〇一〇	四六七〇〇五三	一九一二七〇七二	九五三三〇〇
五	四五一七二	四六二五〇四三	二三七九七一二五	九五三七五〇
六	四五三三四	四五七九八七一	二八四二二一六八	九五四二〇二
七	四五四九六	四五三四五三七	三三〇〇二〇三九	九五四六五五
八	四五六五八	四四八九〇四一	三七五三六五七六	九五五一一〇

九	四五八二〇	四四四三三八三	四二〇二五六一七	九五五五六七
一〇	四五九八二	四三九七五六三	四六四六九〇〇〇	九五六〇二五
一一	四六一四四	四三五一五八一	五〇八六六五六三	九五六四八五
一二	四六三〇六	四三〇五四三七	五五二一八一四四	九五六九四六
一三	四六四六八	四二五九一三一	五九五二三五八一	九五七四〇九
一四	四六六三〇	四二一二六六三	六三七八二七一二	九五七八七四
一五	四六七九二	四一六六〇三三	六七九九五三七五	九五八三四〇
一六	四六九五四	四一一九二四一	七二一六一四〇八	九五八八〇八
一七	四七一一六	四〇七二二八七	七六二八〇六四九	九五九二七八
一八	四七二七八	四〇二五一七一	八〇三五二九三六	九五九七四九
一九	四七四四〇	三九七七八九三	八四三七八一〇七	九六〇二二一
二〇	四七六〇二	三九三〇四五三	八八三五六〇〇〇	九六〇六九六

十日	分十秒十微	百十分十秒十微	萬千百十分十秒十微	度千百十分十秒
二一	四七七六四	三八八二八五一	九二二八六四五三	九六一一七二
二二	四七九二六	三八三五〇八七	九六一六九三〇四	九六一六五〇
二三	四八〇八八	三七八七一六一	一〇〇〇〇四三九一	九六二一二九
二四	四八二五〇	三七三九〇七三	一〇三七九一五五二	九六二六一〇
二五	四八四一二	三六九〇八二三	一〇七五三〇六二五	九六三〇九二
二六	四八五七四	三六四二四一一	一一一二二一四四八	九六三五七六
二七	四八七三六	三五九三八三七	一一四八六三八五九	九六四〇六二
二八	四八八九八	三五四五一〇一	一一八四五七六九六	九六四五四九
二九	四九〇六〇	三四九六二〇三	一二二〇〇二七九七	九六五〇三八
三〇	四九二二二	三四四七一四三	一二五四九九〇〇〇	九六五五二九
三一	四九三八四	三三九七九二一	一二八九四六一四三	九六六〇二一

三二	四九五四六	三三四八五三七	一三二三四四〇六四	九六六五一五
三三	四九七〇八	三二九八九九一	一三五六九二六〇一	九六七〇一一
三四	四九八七〇	三二四九二八三	一三八九九一五九二	九六七五〇八
三五	五〇〇三二	三一九九四一三	一四二二四〇八七五	九六八〇〇六
三六	五〇一九四	三一四九三八一	一四五四四〇二八八	九六八五〇七
三七	五〇三五六	三〇九九一八七	一四八五八九六六九	九六九〇〇九
三八	五〇五一八	三〇四八八三一	一五一六八八八五六	九六九五一二
三九	五〇六八〇	二九九八三一三	一五四七三七六八七	九七〇〇一七
四〇	五〇八四二	二九四七六三三	一五七七三六〇〇〇	九七〇五二四
四一	五一〇〇四	二八九六七九一	一六〇六八三六三三	九七一〇三三
四二	五一一六六	二八四五七八七	一六三五八〇四二四	九七一五四三
四三	五一三二八	二七九四六二一	一六六四二六二一一	九七二〇五四

十日	分十秒十微	百十分十秒十微	萬千百十分十秒十微	度千百十分十秒
四四	五一四九〇	二七四三二九三	一六九二二〇八三二	九七二五六八
四五	五一六五二	二六九一八〇三	一七一九六四一二五	九七三〇八二
四六	五一八一四	二六四〇一五一	一七四六五五九二八	九七三五九九
四七	五一九七六	二五八八三三七	一七七二九六〇七九	九七四一一七
四八	五二一三八	二五三六三六一	一七九八八四四一六	九七四六三七
四九	五二三〇〇	二四八四二二三	一八二四二〇七七七	九七五一五八
五〇	五二四六二	二四三一九二三	一八四九〇五〇〇〇	九七五六八一
五一	五二六二四	二三七九四六一	一八七三三六九二三	九七六二〇六
五二	五二七八六	二三二六八三七	一八九七一六三八四	九七六七三二
五三	五二九四八	二二七四〇五一	一九二〇四三二二一	九七七二六〇
五四	五三一一〇	二二二一一〇三	一九四三一七二七二	九七七七八九

五五	五三二七二	二一六七九九三	一九六五三八三七五	九七八三二一
五六	五三四三四	二一一四七二一	一九八七〇六三六八	九七八八五三
五七	五三五九六	二〇六一二八七	二〇〇八二一〇八九	九七九三八八
五八	五三七五八	二〇〇七六九一	二〇二八八二三七六	九七九九二四
五九	五三九二〇	一九五三九三三	二〇四八九〇〇六七	九八〇四六一
六〇	五四〇八二	一九〇〇〇一三	二〇六八四四〇〇〇	九八一〇〇〇
六一	五四二四四	一八四五九三一	二〇八七四四〇一三	九八一五四一
六二	五四四〇六	一七九一六八七	二一〇五八九九四四	九八二〇八四
六三	五四五六八	一七三七二八一	二一二三八一六三一	九八二六二八
六四	五四七三〇	一六八二七一三	二一四一一八九一二	九八三一七三
六五	五四八九二	一六二七九八三	二一五八〇一六二五	九八三七二一
六六	五五〇五四	一五七三〇九一	二一七四二九六〇八	九八四二七〇

十日	分十秒十微	百十分十秒十微	萬千百十分十秒十微	度千百十分十秒
六七	五五二一六	一五一八〇三七	二一九〇〇二六九九	九八四八二〇
六八	五五三七八	一四六二八二一	二二〇五二〇七二六	九八五三七二
六九	五五五四〇	一四〇七四四三	二二一九八三五五七	九八五九二六
七〇	五五七〇二	一三五一九〇三	二二三三九一〇〇〇	九八六四八一
七一	五五八六四	一二九六二〇一	二二四七四二九〇三	九八七〇三八
七二	五六〇二六	一二四〇三三七	二二六〇三九一〇四	九八七五九七
七三	五六一八八	一一八四三一一	二二七二七九四四一	九八八一五七
七四	五六三五〇	一一二八一二三	二二八四六三七五二	九八八七一九
七五	五六五一二	一〇七一七七三	二二九五九一八七五	九八九二八三
七六	五六六七四	一〇一五二六一	二三〇六六三六四八	九八九八四八
七七	五六八三六	〇九五八五八七	二三一六七八九〇九	九九〇四一五

七八	五六九九八	九〇一七五一	二三二六三七四九六	九九〇九八三
七九	五七一六〇	八四四七五三	二三三五三九二四七	九九一五五三
八〇	五七三二二	七八七五九三	二三四三八四〇〇〇	九九二一二五
八一	五七四八四	七三〇二七一	二三五一七一五九三	九九二六九八
八二	五七六四六	六七二七八七	二三五九〇一八六四	九九三二七三
八三	五七八〇八	六一五一四一	二三六五七四六五一	九九三八四九
八四	五七九七〇	五五七三三三	二三七一八九七九二	九九四四二七
八五	五八一三二	四九九三六三	二三七七四七一二五	九九五〇〇七
八六	五八二九四	四四一二三一	二三八二四六四八八	九九五五八八
八七	五八四五六	三八二九三七	二三八六八七七一九	九九六一七一
八八	五八六一八	三二四四八一	二三九〇七〇六五六	九九六七五六
八九	五八七八〇	二六五八六三	二三九三九五一三七	九九七三四二

十日	分十秒十微	百十分十秒十微	萬千百十分十秒十微	度千百十分十秒
九〇	五八九四二	二〇七〇八三	二三九六六一〇〇〇	九九七九三〇
九一	五九一〇四	一四八一四一	二三九八六八〇八三	九九八五一九
九二	五九二六六	八九〇三七	二四〇〇一六二二四	九九九一一〇
九三	五九四二八	二九七七一	二四〇一〇五二六一	九九九七〇三
九四	〇〇〇〇〇	〇〇〇〇〇	二四〇一三五〇三二	一〇〇〇〇〇〇

冬夏二至後晨昏分立成　此通軌所載南京應天府晷刻也

積日	冬至後晨分	冬至後昏分		夏至後晨分	夏至後昏分
百十日	千百十分十秒	千百十分十秒		千百十分十秒	千百十分十秒
初	二六八一七〇	七三一八三〇		一八一八三〇	八一八一七〇

一	八一六二	一八三八		一八三六	八一六四
二	八一三九	一八六一		一八五六	八一四四
三	八一〇一	一八九九		一八八七	八一一三
四	八〇四八	一九五二		一九三〇	八〇七〇
五	七九七九	二〇二一		一九八七	八〇一三
六	七八九六	二一〇四		二〇五六	七九四四
七	七七九七	二二〇三		二一三七	七八六三
八	七六八三	二三一七		二二三一	七七六九
九	七五五五	二四四五		二三三八	七六六二
一〇	七四一一	二五八九		二四五八	七五四二
一一	七二五二	二七四八		二五九〇	七四一〇
一二	七〇七八	二九二二		二七三四	七二六六

百十日	千百十分十秒	千百十分十秒		千百十分十秒	千百十分十秒
一三	六八八九	三一一一		二八九二	七一〇八
一四	六六八五	三三一五		三〇六二	六九三八
一五	六四六六	三五三四		三二四六	六七五四
一六	六二三二	三七六八		三四四一	六五五九
一七	五九八三	四〇一七		三六五〇	六三五〇
一八	五七一九	四二八一		三八七一	六一二九
一九	五四四一	四五五九		四一〇六	五八九四
二〇	五一四七	四八五三		四三五三	五六四七
二一	四八三九	五一六一		四六一二	五三八八
二二	四五一七	五四八三		四八八五	五一一五
二三	四一八一	五八一九		五一七一	四八二九

二四	三八二九	六一七一		五四六九	四五三一
二五	三四六四	六五三六		五七七九	四二二一
二六	三〇八五	六九一五		六一〇三	三八九七
二七	二六九二	七三〇八		六四三九	三五六一
二八	二二八四	七七一六		六七八七	三二一三
二九	一八六六	八一三四		七一四七	二八五三
三〇	一四三三	八五六七		七五二一	二四七九
三一	〇九八八	九〇一二		七九〇五	二〇九五
三二	〇五三一	九四六九		八三〇一	一六九九
三三	〇〇六一	九九三九		八七〇八	一二九二
三四	二五九五七九	七四〇四二一		九一二八	〇八七二
三五	九〇八五	〇九一五		九五五八	〇四四二

百十日	千百十分十秒	千百十分十秒		千百十分十秒	千百十分十秒
三六	八五八〇	一四二〇		一九〇〇〇〇	八一〇〇〇〇
三七	八〇六五	一九三五		〇四五二	八〇九五四八
三八	七五三九	二四六一		〇九一五	九〇八五
三九	七〇〇二	二九九八		一三八九	八六一一
四〇	六四五六	三五四四		一八七三	八一二七
四一	五九〇〇	四一〇〇		二三六六	七六三四
四二	五三三六	四六六四		二八六九	七一三一
四三	四七六三	五二三七		三三八二	六六一八
四四	四一八一	五八一九		三九〇三	六〇九七
四五	三五九二	六四〇八		四四三三	五五六七
四六	二九九六	七〇〇四		四九七一	五〇二九

四七	二三九二	七六〇八		五五一九	四四八一
四八	一七八二	八二一八		六〇七三	三九二七
四九	一一六七	八八三三		六六三五	三三六五
五〇	〇五四四	九四五六		七二〇三	二七九七
五一	二四九九一八	七五〇〇八二		七七七九	二二二一
五二	九二八六	〇七一四		八三六一	一六三九
五三	八六五〇	一三五〇		八九四九	一〇五一
五四	八〇一〇	一九九〇		九五四三	〇四五七
五五	七三六六	二六三四		二〇〇一四二	七九九八五八
五六	六七一八	三二八二		〇七四七	九二五三
五七	六〇六七	三九三三		一三五五	四六四五
五八	五四一四	四五八六		一九六九	八〇三一

百十日	千百十分十秒	千百十分十秒		千百十分十秒	千百十分十秒
五九	四七五九	五二四一		二五八六	七四一四
六〇	四一〇二	五八九八		三二〇七	六七九三
六一	三四四二	六五五八		三八三三	六一六七
六二	二七八一	七二一九		四四六一	五五三九
六三	二一一九	七八八一		五〇九一	四九〇九
六四	一四五六	八五四四		五七二四	四二七六
六五	〇七九三	九二〇七		六三六一	三六三九
六六	〇一二八	九八七二		六九九九	三〇〇一
六七	二三九四六三	七六〇五三七		七六四〇	二三六〇
六八	八七九八	一二〇二		八二八二	一七一八
六九	八一三三	一八六七		八九二六	一〇七四

七〇	七四六八	二五三二		九五六九	〇四三一
七一	六八〇三	三一九七		二一〇二一六	七八九七八四
七二	六一三八	三八六二		〇八六四	九一三六
七三	五四七四	四五二六		一五一二	八四八八
七四	四八一〇	五一九〇		二一六一	七八三九
七五	四一四七	五八五三		二八一〇	七一九〇
七六	二三三四八五	七六六五一五		二一三四六〇	七八六五四〇
七七	二八二三	七一七七		四一一〇	五八九〇
七八	二一六二	七八三八		四七六一	五二三九
七九	一五〇三	八四九七		五四一二	四五八八
八〇	〇八四三	九二五七		六〇六四	三九三六
八一	〇一八四	九八一六		六七一五	三二八五

百十日	千百十分十秒	千百十分十秒		千百十分十秒	千百十分十秒
八二	二二九五二六	七七〇四七四		六三六六	二六三四
八三	八八六九	一一三二		八〇一八	一九八二
八四	八二一三	一七八七		八六六八	一三三二
八五	七五五八	二四四二		九〇二〇	〇九八〇
八六	六九〇四	三〇九六		九九七二	〇〇二八
八七	六二四九	三七五一		二二〇六二四	七七九三七六
八八	五五九六	四四〇四		一二七五	八七二五
八九	四九三九	五〇六一		一九二六	八〇七四
九〇	四二八六	五七一四		二五七八	七四二二
九一	三六三四	六三六六		三二二九	六七七一
九二	二九八二	七〇一八		三八八一	六一一九

九三	二三三一	七六六九		四五三四	五四六六
九四	一六八〇	八三二〇		五一九一	四八〇九
九五	一〇二九	八九七一		五八四五	四一五五
九六	〇三七八	九六二二		六四九九	三五〇
九七	二一九七二六	七八〇二七四		七一五三	二八四七
九八	九〇七五	〇九二五		七八〇八	二一九二
九九	八四二三	一五七七		八四六四	一五三六
一〇〇	七七七三	二二二七		九一二一	〇八七九
一〇一	七一二二	二八七八		九七七八	〇二二二
一〇二	六四七一	三五二九		二三〇四三七	七六九五六三
一〇三	五八二〇	四一八〇		一〇九七	八九〇三
一〇四	五一六九	四八三一		一七五六	八二四四

百十日	千百十分十秒	千百十分十秒		千百十分十秒	千百十分十秒
一〇五	四五一八	五四八二		二四一六	七五八四
一〇六	三八六七	六一三三		三〇七八	六九二二
一〇七	三二一七	六七八三		三七四〇	六二六〇
一〇八	二五六八	七四三二		四四〇三	五五九七
一〇九	一九一九	八〇八一		五〇六七	四九三三
一一〇	一二七一	八七二九		五七三一	四二六九
一一一	〇六二三	九三七七		六三九五	三六〇五
一一二	二〇九九七六	七九〇〇二四		七〇六〇	二九四〇
一一三	九三二九	〇六七一		七七二六	二二七四
一一四	八六八七	一三一三		八三九一	一六〇九
一一五	八〇四四	一九五六		二三九〇五六	七六〇九四四

一一六	七四〇三	二五九七		九七二二	〇二七八
一一七	六七六三	三二三七		二四〇三八七	七五九六一三
一一八	六一二六	三八七四		一〇五一	八九四九
一一九	五四九一	四五〇九		一七一五	八二八五
一二〇	四八五九	五一四一		二三七八	七六二二
一二一	四二二九	五七七一		三〇四〇	六九六〇
一二二	三六〇二	六三九八		三七〇〇	六三〇〇
一二三	二九七九	七〇二一		四三六〇	五六四〇
一二四	二三五九	七六四一		五〇一六	四九八四
一二五	一七四四	八二五六		五六七〇	四三三〇
一二六	一一三二	八八六八		六三二三	三六七七
一二七	〇五二五	九四七五		六九七三	三〇二七

百十日	千百十分十秒	千百十分十秒		千百十分十秒	千百十分十秒
一二八	一九九二三	八〇〇〇七七		七六一九	二三八一
一二九	九三二六	〇六七四		八二六二	一七三八
一三〇	八七三四	一二六六		八九〇〇	一一〇〇
一三一	八一四九	一八五一		九五三五	〇四六五
一三二	七五六九	二四三一		二五〇一六五	七四九八三五
一三三	六九九六	三〇〇四		〇七九一	九二〇九
一三四	六四三〇	三五七〇		一四一〇	八五九〇
一三五	五八七一	四一二九		二〇二四	七九七六
一三六	五三一九	四六八一		二六三二	七三六八
一三七	四七七五	五二二五		三二三三	六七六七
一三八	四二三九	五七六一		三八二六	六一七四

一三九	三七一三	六二八七		四四一三	五五八七
一四〇	三一九四	六八〇六		四九九二	五〇〇八
一四一	二六八五	七三一五		五五六二	四四三八
一四二	二一八六	七八一四		六一二三	三八七七
一四三	一六九六	八三〇四		六六七五	三三二五
一四四	一二一六	八七八四		七二一八	二七八二
一四五	〇七四六	九二五四		七七五一	二二四九
一四六	一九〇二八八	八〇九七一二		二五八二七三	七四一七二七
一四七	一八九八三九	八一〇一六一		八七八四	一二一六
一四八	九四〇二	〇五九八		九二八五	〇七一五
一四九	八九七六	一〇二四		九七七四	〇二二六
一五〇	八五六一	一四三九		二六〇二五二	七三九七四八

百十日	千百十分十秒	千百十分十秒		千百十分十秒	千百十分十秒
一五一	八一五七	一八四三		〇七一七	九二八三
一五二	七七六七	二二三三		一一六九	八八三一
一五三	七三八六	二六一四		一六〇九	八三九一
一五四	七〇一七	二九八三		二〇三六	七九六四
一五五	六六六二	三三三八		二四五〇	七五五〇
一五六	六三一八	三六八二		二八五二	七一四八
一五七	五九八七	四〇一三		三二三九	六七六一
一五八	五六六九	四三三一		三六一二	六三八八
一五九	五三六三	四六三七		三九七二	六〇二八
一六〇	五〇六九	四九三一		四三一七	五六八三
一六一	四七八八	五二一二		四六四八	五三五二

一六二	四五二〇	五四八〇		四九六四	五〇三六
一六三	四二六四	五七三六		五二六七	四七三三
一六四	四〇二一	五九七九		五五五四	四四四六
一六五	三七九一	六二〇九		五八二七	四一七三
一六六	三五七四	六四二六		六〇八五	三九一五
一六七	三三七〇	六六三〇		六三二八	三六七二
一六八	三一七八	六八二二		六五五七	三四四三
一六九	二九九九	七〇〇一		六七六九	三二三一
一七〇	二八三三	七一六七		六九六八	三〇三二
一七一	二六八一	七三一九		七一五二	二八四八
一七二	二五四一	七四五九		七三一九	二六八一
一七三	二四一四	七五八六		七四七二	二五二八

百十日	千百十分十秒	千百十分十秒		千百十分十秒	千百十分十秒
一七四	二二九九	七七〇一		七六一一	二三八九
一七五	二一九七	七八〇三		七七三三	二二六七
一七六	二一〇七	七八九三		七八四一	二一五九
一七七	二〇三一	七九六九		七九三二	二〇六八
一七八	一九六六	八〇三四		八〇一〇	一九九〇
一七九	一九一四	八〇八六		八〇七一	一九二九
一八〇	一八七五	八一二五		八一一八	一八八二
一八一	一八四九	八一五一		八一四九	一八五一
一八二	一八三四	八一六六		八一六六	一八三四

晨分加二百五十分，爲日出分。日周一萬分，內減晨分爲昏分。昏分減二百五十分，爲日入分，又減五千分，爲半晝分。故立成只列晨昏分，則出入及半晝分皆具，不必盡列也。

太陰遲疾立成 遲疾同用

限數	日率	益分	遲疾積度	疾曆限行度	遲曆限行度
百十限	十日千百十分	十分十秒十微十纖	度十分十秒十微十纖	度十分十秒	度十分十秒
初		一一〇八一五七五		一二〇七一	九八五五
一	八二〇	一一〇二三四二五	一一〇八一五七五	一二〇六五	九八六一
二	一六四〇	一〇九六三三二五	二二一〇五〇〇〇	一二〇五九	九八六七
三	二四六〇	一〇九〇一二七五	三三〇六八三二五	一二〇五三	九八七三
四	三二八〇	一〇八三七二七五	四三九六九六〇〇	一二〇四七	九八七九
五	四一〇〇	一〇七七一三二五	五四八〇六八七五	一二〇四〇	九八八六
六	四九二〇	一〇七〇三四二五	六五五七八二〇〇	一二〇三三	九八九三
七	五七四〇	一〇六三三五七五	七六二八一六二五	一二〇二六	九九〇〇

百十限	十日千百十分	十分十秒十微十纖	度十分十秒十微十纖	度十分十秒	度十分十秒
八	六五六〇	一〇五六一七七五	八六九一五二〇〇	一二〇一九	九九〇七
九	七三八〇	一〇四八八〇二五	九七四七六九七五	一二〇一二	九九一四
一〇	八二〇〇	一〇四一二三二五	一〇七九六五〇〇	一二〇〇四	九九二二
一一	九〇二〇	一〇三三四六七五	一一八三七七三二五	一一九九六	九九二九
一二	九八四〇	一〇二五五〇七五	一二八七一二〇〇〇	一一九八八	九九三七
一三	一〇六六一	一〇一七三五二五	一三八九六七〇七五	一一九八〇	九九四六
一四	一一四八一	一〇〇九〇〇二五	一四九一四〇六〇〇	一一九七二	九九五四
一五	一二三〇一	一〇〇〇四五七五	一五九二三〇六二五	一一九六三	九九六二
一六	一三一二一	九九一七一七五	一六九二三五二〇〇	一一九五五	九九七一
一七	一三九四一	九八二七八二五	一七九一五二三七五	一一九四六	九九八〇
一八	一四七六一	九七三六五二五	一八八九八〇二〇〇	一一九三七	九九八九

一九	一五五八一	九六四三二七五	一九八七一六七二五	一一九二七	九九九九
二〇	一六四〇一	九五四八〇七五	二〇八三六〇〇〇〇	一一九一八	一〇〇〇八
二一	一七二二一	九四五〇九二五	二一七九〇八〇七五	一一九〇八	一〇〇一八
二二	一八〇四一	九三五一八二五	二二七三五九〇〇〇	一一八九八	一〇〇二八
二三	一八八六一	九二五〇七七五	二三六七一〇八二五	一一八八八	一〇〇三八
二四	一九六八一	九一四七七七五	二四五九六一六〇〇	一一八七八	一〇〇四八
二五	二〇五〇二	九〇四二八二五	二五五一〇九三七五	一一八六七	一〇〇五九
二六	二一三二二	八九三五九二五	二六四一五二二〇〇	一一八五六	一〇〇六九
二七	二二一四二	八八二七〇七五	二七三〇八八一五二	一一八四六	一〇〇八〇
二八	二二九六二	八七一六二七五	二八一九一五二〇〇	一一八三五	一〇〇九
二九	二三七八二	八六〇三五二五	二九〇六三一四七五	一一八二三	一〇一〇二
三〇	二四六〇二	八四八八八二五	二九九二三五〇〇〇	一一八一二	一〇一一四

百十限	十日千百十分	十分十秒十微十纖	度十分十秒十微十纖	度十分十秒	度十分十秒
三一	二五四二二	八三七二一七五	三〇七七二三八二五	一一八〇〇	一〇一二六
三二	二六二四二	八二五三五七五	三一六〇九六〇〇〇	一一七八八	一〇一三八
三三	二七〇六二	八一三三〇二五	三二四三四九五七五	一一七七六	一〇一五〇
三四	二七八八二	八〇一〇五二五	三三二四八二六〇〇	一一七六四	一〇一六二
三五	二八七〇二	七八八六〇七五	三四〇四九三一二五	一一七五一	一〇一七四
三六	二九五二二	七七五九六七五	三四八三七九二〇〇	一一七三九	一〇一八七
三七	三〇三四三	七六三一三二五	三五六一三八八七五	一一七二六	一〇二〇〇
三八	三一一六三	七五〇一〇二五	三六三七七〇二〇〇	一一七一三	一〇二一三
三九	三一九八三	七三六八七七五	三七一二七一二二五	一一七〇〇	一〇二二六
四〇	三二八〇三	七二三四五七五	三七八六四〇〇〇〇	一一六八六	一〇二三九
四一	三三六二三	七〇九八四二五	三八五八七四五七五	一一六七三	一〇二五三

四二	三四四四三	六九六〇三二五	三九二九七三〇〇〇	一一六五九	一〇二六七
四三	三五二六三	六八二〇二七五	三九九九三三三二五	一一六四五	一〇二八一
四四	三六〇八三	六六七八二七五	四〇六七五三六〇〇	一一六三一	一〇二九五
四五	三六九〇三	六五三四三二五	四一三四三一八七五	一一六一六	一〇三〇九
四六	三七七二三	六三八八四二五	四一九九六六二〇〇	一一六〇二	一〇三二四
四七	三八五四三	六二四〇五七五	四二六三五四六二五	一一五八七	一〇三三九
四八	三九三六三	六〇九〇七七五	四三二五九五二〇〇	一一五七二	一〇三五四
四九	四〇一八三	五九三九〇二五	四三八六八五九七五	一一五五七	一〇三六九
五〇	四一〇〇四	五七八五三二五	四四四六二五〇〇〇	一一五四一	一〇三八四
五一	四一八二四	五六二九六七五	四五〇四一〇三二五	一一五二六	一〇四〇〇
五二	四二六四四	五四七二〇七五	四五六〇四〇〇〇〇	一一五一〇	一〇四一六
五三	四三四六四	五三一二五二五	四六一五一二〇七五	一一四九四	一〇四三二

百十限	十日千百十分	十分十秒十微十纖	度十分十秒十微十纖	度十分十秒	度十分十秒
五四	四四二八四	五一五一〇二五	四六六八二四六〇〇	一一四七八	一〇四四八
五五	四五一〇四	四九八七五七五	四七一九七五六二五	一一四六二	一〇四六四
五六	四五九二四	四八二二一七五	四七六九六三二〇〇	一一四四五	一〇四八一
五七	四六七四四	四六五四八二五	四八一七八五三七五	一一四二八	一〇四九七
五八	四七五六四	四四八五五二五	四八六四四〇二〇〇	一一四一一	一〇五一四
五九	四八三八四	四三一四二七五	四九〇九二五七二五	一一三九四	一〇五三一
六〇	四九二〇四	四一四一〇七五	四九五二四〇〇〇〇	一一三七七	一〇五四九
六一	五〇〇二四	三九六五九二五	四九九三八一〇七五	一一三五九	一〇五六六
六二	五〇八四五	三七八八八二五	五〇三三四七〇〇〇	一一三四二	一〇五八四
六三	五一六六五	三六〇九七七五	五〇七一三五八二五	一一三二四	一〇六〇二
六四	五二四八五	三四二八七七五	五一〇七四五六〇〇	一一三〇六	一〇六二〇

六五	五三三〇五	三二四五八二五	五一四一七四三七五	一一二八七	一〇六三八
六六	五四一二五	三〇六〇九二五	五一七四二〇二〇〇	一一二六九	一〇六五七
六七	五四九四五	二八七四〇七五	五二〇四八一一二五	一一二五〇	一〇六七六
六八	五五七六五	二六八五二七五	五二三三五五二〇〇	一一二三一	一〇六九四
六九	五六五八五	二四九四五二五	五二六〇四〇四七五	一一二一二	一〇七一三
七〇	五七四〇五	二三〇一八二五	五二八五三五〇〇〇	一一一九三	一〇七三二
七一	五八二二五	二一〇七一七五	五三〇八三六八二五	一一一七四	一〇七五一
七二	五九〇四五	一九一〇五七五	五三二九四四〇〇〇	一一一五四	一〇七七一
七三	五九八六五	一七一二〇二五	五三四八五四五七五	一一一三四	一〇七九一
七四	六〇六八五	一五一一五二五	五三六五六六六〇〇	一一一一四	一〇八一一
七五	六一五〇六	一三〇九〇七五	五三八〇七八一二五	一一〇九四	一〇八三二
七六	六二三二六	一一〇四六七五	五三九三八七二〇〇	一一〇七三	一〇八五二

百十限	十日千百十分	十分十秒十微十纖	度十分十秒十微十纖	度十分十秒	度十分十秒
七七	六三一四六	○八九八三二五	五四○四九一八七五	一一○五三	一○八七三
七八	六三九六六	六九○○二五	五四一三九○二○○	一一○三二	一○八九四
七九	六四七八六	四七九七七五	五四二○八○二二五	一一○一一	一○九一五
八○	六五六○六	二六七五七五	五四二五六○○○○	一○九九○	一○九三六
八一	六六四二六	○五三四二五	五四二八二七五七五	一○九六八	一○九五八
八二	六七二四六	三五六一六	五四二八八一○○○	一○九六六	一○九五九
八三	六八○六六	一七八○八	五四二九一六六一六	一○九六五	一○九六一
		損分			
八四	六八八八六	一七八○八	五四二九三四四二四	一○九六一	一○九六五
八五	六九七○六	三五六一六	五四二九一六六一六	一○九五九	一○九六六
八六	七○五二六	五三四二五	五四二八八一○○○	一○九五八	一○九六八

八七	七一三四六	二六七五七五	五四二八二七五七五	一〇九三六	一〇九九〇
八八	七二一六七	四七九七七五	五四二五六〇〇〇〇	一〇九一五	一一〇一一
八九	七二九八七	六九〇〇二五	五四二〇八〇二二五	一〇八九四	一一〇三二
九〇	七三八〇七	八九八三二五	五四一三九〇二〇〇	一〇八七三	一一〇五三
九一	七四六二七	一一〇四六七五	五四〇四九一八七五	一〇八五二	一一〇七三
九二	七五四四七	一三〇九〇七五	五三九三八七二〇〇	一〇八三二	一一〇九四
九三	七六二六七	一五一一五二五	五三八〇七八一二五	一〇八一二	一一一一四
九四	七七〇八七	一七一二〇二五	五三六五六六〇〇	一〇七九二	一一一三四
九五	七七九〇七	一九一〇五七五	五三四八五四五七五	一〇七七二	一一一五四
九六	七八七二七	二一〇七一七五	五三二九四四〇〇〇	一〇七五二	一一一七四
九七	七九五四七	二三〇一八二五	五三〇八三六八二五	一〇七三三	一一一九三
九八	八〇三六七	二四九四五二五	五二八五三五〇〇〇	一〇七一三	一一二一二

百十限	十日千百十分	十分十秒十微十纖	度十分十秒十微十纖	度十分十秒	度十分十秒
九九	八一一八七	二六八五二七五	五二六〇四〇四七五	一〇六九四	一一二三一
一〇〇	八二〇〇八	二八七四〇七五	五二三三五五二〇〇	一〇六七六	一一二五〇
一〇一	八二八二八	三〇六〇九二五	五二〇四八一一二五	一〇六五七	一一二六九
一〇二	八三六四八	三二四五八二五	五一七四二〇二〇〇	一〇六三八	一一二八七
一〇三	八四四六八	三四二八七七五	五一四一七四三七五	一〇六二〇	一一三〇六
一〇四	八五二八八	三六〇九七七五	五一〇七四五六〇〇	一〇六〇二	一一三二四
一〇五	八六一〇八	三七八八八二五	五〇七一三五八二五	一〇五八四	一一三四二
一〇六	八六九二八	三九六五九二五	五〇三三四七〇〇〇	一〇五六六	一一三五九
一〇七	八七七四八	四一四一〇七五	四九九三八一〇七五	一〇五四九	一一三七七
一〇八	八八五六八	四三一四二七五	四九五二四〇〇〇〇	一〇五三一	一一三九四
一〇九	八九三八八	四四八五五二五	四九〇九二五七二五	一〇五一四	一一四一一

一一〇	九〇二〇八	四六五四八二五	四八六四四〇二〇〇	一〇四九七	一一四二八
一一一	九一〇二八	四八二二一七五	四八一七八五三七五	一〇四八一	一一四四五
一一二	九一八四八	四九八七五七五	四七六九六三二〇〇	一〇四六四	一一四六二
一一三	九二六六九	五一五一〇二五	四七一九七五六二五	一〇四四八	一一四七八
一一四	九三四八九	五三一二五二五	四六六八二四六〇〇	一〇四三二	一一四九四
一一五	九四三〇九	五四七二〇七五	四六一五一二〇七五	一〇四一六	一一五一〇
一一六	九五一二九	五六二九六七五	四五六〇四〇〇〇〇	一〇四〇〇	一一五二六
一一七	九五九四九	五七八五三二五	四五〇四一〇三二五	一〇三八四	一一五四一
一一八	九六七六九	五九三九〇二五	四四四六二五〇〇〇	一〇三六九	一一五五七
一一九	九七五八九	六〇九〇七七五	四三八六八五九七五	一〇三五四	一一五七二
一二〇	九八四〇九	六二四〇五七五	四三二五九五二〇〇	一〇三三九	一一五八七
一二一	九九二二九	六三八八四二五	四二六三五四六二五	一〇三二四	一一六〇二

百十限	十日千百十分	十分十秒十微十纖	度十分十秒十微十纖	度十分十秒	度十分十秒
一二二	一〇〇四九	六五三四三二五	四一九九六六二〇〇	一〇三〇九	一一六一六
一二三	一〇〇八六九	六六七八二七五	四一三四三一八七五	一〇二九五	一一六三一
一二四	一〇一六八九	六八二〇二七五	四〇六七五三六〇〇	一〇二八一	一一六四五
一二五	一〇二五一〇	六九六〇三二五	三九九九三三三二五	一〇二六七	一一六五九
一二六	一〇三三三〇	七〇九八四二五	三九二九七三〇〇〇	一〇二五三	一一六七三
一二七	一〇四一五〇	七二三四五七五	三八五八七四五七五	一〇二三九	一一六八六
一二八	一〇四九七〇	七三六八七七五	三七八六四〇〇〇〇	一〇二二六	一一七〇〇
一二九	一〇五七九〇	七五〇一〇二五	三七一二七一二二五	一〇二一三	一一七一三
一三〇	一〇六六一〇	七六三一三二五	三六三七七〇二〇〇	一〇二〇〇	一一七二六
一三一	一〇七四三〇	七七五九六七五	三五六一三八八七五	一〇一八七	一一七三九
一三二	一〇八二五〇	七八八六〇七五	三四八三七九二〇〇	一〇一七四	一一七五二

一三三	一〇九〇七〇	八〇一〇五二五	三四〇四九三一二五	一〇一六二	一一七六四
一三四	一〇九八九〇	八一三三〇二五	三三二四八二六〇〇	一〇一五〇	一一七七六
一三五	一一〇七一〇	八二五三五七五	三二四三四九五七五	一〇一三八	一一七八八
一三六	一一一五三〇	八三七二一七五	三一六〇九六〇〇〇	一〇一二六	一一八〇〇
一三七	一一二三五〇	八四八八八二五	三〇七七二三八二五	一〇一一四	一一八一二
一三八	一一三一七一	八六〇三五二五	二九九二三五〇〇〇	一〇一〇三	一一八二三
一三九	一一三九九一	八七一六二七五	二九〇六三一四七五	一〇〇九一	一一八三五
一四〇	一一四八一一	八八二七〇七五	二八一九一五二〇〇	一〇〇八〇	一一八四六
一四一	一一五六三一	八九三五九二五	二七三〇八八一二五、	一〇〇六九	一一八五六
一四二	一一六四五一	九〇四二八二五	二六四一五二二〇〇	一〇〇五九	一一八六七
一四三	一一七二七一	九一四七七七五	二五五一〇九三七五	一〇〇四八	一一八七八
一四四	一一八〇九一	九二五〇七七五	二四五九六一六〇〇	一〇〇三八	一一八八八

百十限	十日千百十分	十分十秒十微十纖	度十分十秒十微十纖	度十分十秒	度十分十秒
一四五	一一八九一一	九三五一八二五	二三六七一〇八二五	一〇〇二八	一一八九八
一四六	一一九七三一	九四五〇九二五	二二七三五九〇〇〇	一〇〇一八	一一九〇八
一四七	一二〇五五一	九五四八〇七五	二一七九〇八〇七五	一〇〇〇八	一一九一八
一四八	一二一三七一	九六四三二七五	二〇八三六〇〇〇〇	〇九九九九	一一九二七
一四九	一二二一九一	九七三六五二五	一九八七一六七二五	九九八五	一一九三七
一五〇	一二三〇一二	九八二七八二五	一八八九八〇二〇〇	九九八〇	一一九四六
一五一	一二三八三二	九九一七一七五	一七九一五二三七五	九九七一	一一九五五
一五二	一二四六五二	一〇〇〇四五七五	一六九二三五二〇〇	九九六二	一一九六三
一五三	一二五四七二	一〇〇九〇〇二五	一五九二三〇六二五	九九五四	一一九七二
一五四	一二六二九二	一〇一七三五二五	一四九一四〇六〇〇	九九四六	一一九八〇
一五五	一二七一一二	一〇二五五〇七五	一三八九六七〇七五	九九三七	一一九八八

一五六	一二七九三二	一〇三三四六七五	一二八七一二〇〇〇	九九二九	一一九九六
一五七	一二八七五二	一〇四一二三二五	一一八三七七三二五	九九二二	一二〇〇四
一五八	一二九五七二	一〇四八八〇二五	一〇七九六五〇〇〇	九九一四	一二〇一二
一五九	一三〇三九二	一〇五六一七七五	〇九七四七六九七五	九九〇七	一二〇一九
一六〇	一三一二一二	一〇六三三五七五	八六九一五二〇〇	九九〇〇	一二〇二六
一六一	一三二〇三二	一〇七〇三四二五	七六二八一六二五	九八九三	一二〇三三
一六二	一三二八五三	一〇七七一三二五	六五五七八二〇〇	九八八六	一二〇四〇
一六三	一三三六七三	一〇八三七二七五	五四八〇六八七五	九八七九	一二〇四七
一六四	一三四四九三	一〇九〇一二七五	四三九六九六〇〇	九八七三	一二〇五三
一六五	一三五三一三	一〇九六三三二五	三三〇六八三二五	九八六七	一二〇五九
一六六	一三六一三三	一一〇二三四二五	二二一〇五〇〇〇	九八六一	一二〇六五
一六七	一三六九五三	一一〇八一五七五	〇一一〇八一五七五	九八五五	一二〇七一

一六八	一三七七七三

五星盈縮入曆度率立成 五星盈縮同用

入曆策	度率	入曆策	度率	入曆策	度率
	百十度十分十秒十微十纖		百十度十分十秒十微十纖		百十度十分十秒十微十纖
一	一五二一九〇六二五〇	二	三〇四三八一二五〇〇	三	四五六五七一八七五〇
四	六〇八七六二五〇〇〇	五	七六〇九五三一二五〇	六	九一三一四三七五〇〇
七	一〇六五三三四三七五〇	八	一二一七五二五〇〇〇	九	一三六九七一五六二五〇
十	一五二一九〇六二五〇〇	一一	一六七四〇九六八七五〇		

木星盈縮立成

入曆	損益率	盈縮積	行定度	行積度
策	度十分十秒十微十纖	度十分十秒十微十纖	十度十分十秒十微十纖	百十度十分十秒十微十纖

初	益一五九〇〇八四八一	盈〇〇〇〇〇〇〇〇〇	一六八〇九一四七三一	一六八〇九一四七三一
一	一四二〇一三五六一	一五九〇〇八四八一	六三九一九八一一	三三四四八三四五四二
二	一二〇〇二七一八八	三〇一〇二二〇四二	四一九三三四三八	四九八六七六七九八〇
三	〇九三〇四九三六二	四二一〇四九二三〇	一四九五五六一二	六六〇一七二三五九〇
四	〇六一〇八〇〇八三	五一四〇九八五九二	一五八二九八六三三三	八一八四七〇九九二五
五	〇二四一一九三五二	五七五一七八六七六	四六〇二五六〇二	九七三〇七三五五二七
六	損〇二四一一九三五二	五九九二九八〇二八	一四九七七八六八九八	一一二二八五二二四二五
七	〇六一〇八〇〇八三	五七五一七八六七六	一四六〇八二六一六七	一二六八九三四八五九二
八	〇九三〇四九三六二	五一四〇九八五九二	二八八五六八八八	一四一一八二〇五四八〇
九	一二〇〇二七一八八	四二一〇四九二三〇	〇一八七九〇六二	一五五二〇〇八四五四二
十	一四二〇一三五六一	三〇一〇二二〇四二	一三七九八九二六八九	一六八九九七七二三一
十一	一五九〇〇八四八一	一五九〇〇八四八一	六二八九七七六九	一八二六二八七五〇〇

策	度十分十秒十微十纖	度十分十秒十微十纖	十度十分十秒十微十纖	百十度十分十秒十微十纖
初	益一五九〇〇八四八一	縮〇〇〇〇〇〇〇〇〇	一三六二八九七七六九	一九六二五七七二七六九
一	一四二〇一三五六一	一五九〇〇八四八一	七九八九二六八九	二一〇〇五六六五四五八
二	一二〇〇二七一八八	三〇一〇二二〇四二	一四〇一八七九〇六二	二二四〇七五四四五二〇
三	〇九三〇四九三六二	四二一〇四九二三〇	二八八五六八八八	二三八三六四〇一四〇八
四	〇六一〇八〇〇八三	五一四〇九八五九二	六〇八二六一六七	二五二九七二二七五七五
五	〇二四一一九三五二	五七五一七八六七六	九七七八六八九八	二六七九五〇一四四七三
六	損〇二四一一九三五二	五九九二九八〇二八	一五四六〇二五六〇二	二八三四一〇四〇〇七五
七	〇六一〇八〇〇八三	五七五一七八六七六	八二九八六三三三	二九九二四〇二六四〇八
八	〇九三〇四九三六二	五一四〇九八五九二	一六一四九五五六一二	三一五三八九八二〇二〇
九	一二〇〇二七一八八	四二一〇四九二三〇	四一九三三四三八	三三一八〇九一五四五八
十	一四二〇一三五六一	三〇一〇二二〇四二	六三九一九八一一	三四八四四八三五二六九

十一	一五九〇〇八四八二	一五九〇〇八四八二	八〇九一四七三一	三六五二五七五〇〇〇〇

火星盈縮立成

入曆策	損益率 度十分十秒十微十纖	盈縮積 十度十分十秒十微十纖	行定度 十度十分十秒十微十纖	行積度 百十度十分十秒十微十纖
初	益一五八〇三九三三四	盈〇〇〇〇〇〇〇〇〇	二六七九九四五五八四	二六七九九四五五八四
一	七九七〇〇五〇七二	一一五八〇三九三三四	二三一八九一一三二二	四九九八八五六九〇六
二	四五九九七六三一三	一九五五〇四四四〇六	一九八一八八二五六三	六九八〇九三九四六九
三	一四六九五七二五二	二四一五〇二〇七一九	一六六八八六三五〇二	八六四九六〇二九七一
四	損〇五四二八五〇六四	二五六一九七七九七一	一四六七六二一一八六	一〇一一七二二四一五七
五	一六六二七五〇八五	二五〇七六九二九〇七	一三五五六三一一六五	一一四七二八五五三二
六	二六〇二六二〇七二	二三四一四一七八二二	一二六一六四四一七八	一二七三四四九九五〇〇

策	度十分十秒十微十纖	十度十分十秒十微十纖	十度十分十秒十微十纖	百十度十分十秒十微十纖
七	三三六二五〇二一七	二〇八一一五五七五〇	一一八五六五六〇三三	一三九二〇一五五五三三
八	三九四二三九五二四	一七四四九〇五五三三	二七六六六七二六	一五〇四七八二二二五九
九	四四二二五七二九六	一三五〇六六六〇〇九	一〇七九六四八九五四	一六一二七四七一二一三
十	四五六二〇〇七五〇	九〇八四〇八七一三	六五七〇五五〇〇	一七一九三一七六七一三
十一	四五二二〇七九六三	四五二二〇七九六三	六九六九八二八七	一八二六二八七五〇〇
初	益四五二二〇七九六三	縮〇〇〇〇〇〇〇〇〇	一〇六九六九八二八七	一九三三二五七三二八七
一	四五六二〇〇七五〇	四五二二〇七九六三	六五七〇五五〇〇	二〇三九八二七八七八七
二	四四二二五七二九六	九〇八四〇八七一三	七九六四八九五四	二一四七七九二七七四一
三	三九四二三九五二四	一三五〇六六六〇〇九	一二七六六六七二六	二二六〇五五九四四六七
四	三三六二五〇二一七	一七四四九〇五五三三	一一八五六五六〇三三	二三七九一二五〇五〇〇
五	二六〇二六二〇七二	二〇八一一五五七五〇	一二六一六四四一七八	二五〇五二八九四六七八

六	一六六二七五〇八五	二三四一四一七八二二	一三五五六三一一六五	二六四〇八五二五八四三
七	〇五四二八五〇六四	二五〇七六九二九〇七	一四六七六二一一八六	二七八七六一四七〇二九
八	損一四六九五七二五二	二五六一九七七九七一	一六六八八六三五〇二	二九五四五〇一〇五三一
九	四五九九七六三一三	二四一五〇二〇七一九	一九八一八八二五六三	三一五二六八九三〇九四
十	七九七〇〇五〇七二	一九五五〇四四四〇六	二三一八九一一三二二	三三八四五八〇四四一六
十一	一一五八〇三九三三四	一一五八〇三九三三四	二六七九九四五五八四	三六五二五七五〇〇〇〇

土星盈縮立成

入曆	損益率	盈縮積	行定度	行積度
策	度十分十秒十微十纖	度十分十秒十微十纖	十度十分十秒十微十纖	百十度十分十秒十微十纖
初	益二二〇〇一〇三四六	盈〇〇〇〇〇〇〇〇〇	一七四一九一六五九六	一七四一九一六五九六
一	一九五〇二一八一四	二二〇〇一〇三四六	一六九二八〇六四	三四五八八四四六六〇

策	度十分十秒十微十纖	度十分十秒十微十纖	十度十分十秒十微十纖	百十度十分十秒十微十纖
二	一六四〇四七七六五	四一五〇三二一六〇	一六八五九五四〇一五	五一四四七九八六七五
三	一二七〇八八二一一	五七九〇七九九二五	四八九九四四六一	六七九三七九三一三六
四	〇八四一四三一三五	七〇六一六八一三六	〇六〇四九三八五	八三九九八四二五二一
五	〇三五二一二五五〇	七九〇三一一二七一	一五五七一一八八〇〇	九九五六九六一三二一
六	損〇三五二一二五五〇	八二五五二三八二一	一四八六六九三七〇〇	一一四四三六五五〇二一
七	〇八四一四三一三五	七九〇三一一二七一	三七七六三一一五	一二八八一四一八一三六
八	一二七〇八八二一一	七〇六一六八一三六	一三九四八一八〇三九	一四二七六二三六一七五
九	一六四〇四七七六五	五七九〇七九九二五	五七八五八四八五	一五六三四〇九四六六〇
十	一九五〇二一八一四	四一五〇三二一六〇	一三二六八八四四三六	一六九六〇九七九〇九六
十一	二二〇〇一〇三四六	二二〇〇一〇三四六	〇一八九五九〇四	一八二六二八七五〇〇〇
初	益一六三〇〇五七五一	縮〇〇〇〇〇〇〇〇〇	一三五八九〇〇四九九	一九六二一　七七五四九九

金星盈縮立成

一	一四八九九八〇六四	一六三〇〇五七五一	七二九〇八一八六	二〇九九四六八三六八五
二	一二七九八九六五二	三一二〇〇三八一五	九三九一六五九八	二二三八八六〇〇二八三
三	〇九九九八〇五一六	四三九九九三四六七	一四二一九二五七三四	二三八一〇五二六〇一七
四	〇六四九七〇六五八	五三九九七三九八三	五六九三五五九二	二五二六七四六一六〇九
五	〇二二九六〇〇七三	六〇四九四四六四一	九八九四六一七七	二六七六六四〇七七八六
六	損〇二二九六〇〇七三	六二七九〇四七一四	一五四四八六六三二三	二八三一一二七四一〇九
七	〇六四九七〇六五八	六〇四九四四六四一	八六八七六九〇八	二九八九八一五一〇一七
八	〇九九九八〇五一六	五三九九七三九八三	一六二一八八六七六六	三一五二〇〇三七七八三
九	一二七九八九六五二	四三九九九三四六七	四九八九五九〇二	三三一六九九三三六八五
十	一四八九九八〇六四	三一二〇〇三八一五	七〇九〇四三一四	三四八五〇八三七九九九
十一	一六三〇〇五七五一	一六三〇〇五七五一	八四九一二〇〇一	三六五二五七五〇〇〇〇

入曆	損益率	盈縮積	行定度	行積度
策	度十分十秒十微十纖	度十分十秒十微十纖	十度十分十秒十微十纖	百十度十分十秒十微十纖
初	益〇五三〇〇四八八九	盈〇〇〇〇〇〇〇〇〇	一五七四九一一三九	一五七四九一一一三五
一	五〇〇二一三一八	〇五三〇〇四八八九	七一九二七五六八	三一四六八三八七〇七
二	四四〇五五五六五	一〇三〇二六二〇七	六五九六一八一五	四七一二八〇〇五二二
三	三五一〇七六三一	一四七〇八一七七二	五七〇一三八八一	六二六九八一四四〇三
四	二三一七七五一六	一八二一八九四〇三	四五〇八三七六六	七八一四八九八一六九
五	〇八二六五二一九	二〇五三六六九一九	三〇一七一四六九	九三四五〇六九六三八
六	損〇〇八二六五二一九	二一三六三二一三八	一五一三六四一〇三一	一〇八五八七一〇六六九
七	二三一七七五一六	二〇五三六六九一九	一四九八七二八七三四	一二三五七四三九四〇三
八	三五一〇七六三一	一八二一八九四〇三	八六七九八六一九	一三八四四二三八〇二二
九	四四〇五五五六五	一四七〇八一七七二	七七八五〇六八五	一五三二二〇八八七〇七

十	五〇〇二一三一八	一〇三〇二六二〇七	七一八八四九三二	一六七九三九七三六三九
十一	五三〇〇四八八九	〇五三〇〇四八八九	六八九〇一三六一	一八二六二八七五〇〇〇
初	益〇五三〇〇四八八九	縮〇〇〇〇〇〇〇〇	一四六八九〇一三六一	一九七三一七七六三六一
一	五〇〇二一三一八	〇五三〇〇四八八九	七一八八四九三二	二一二〇三六六一二九三
二	四四〇五五五六五	一〇三〇二六二〇七	七七八五〇六八五	二二六八一五一一九七八
三	三五一〇七六三一	一四七〇八一七七二	八六七九八六一九	二四一六八三一〇五九七
四	二三一七七五一七	一八二一八九四〇三	九八七二八七三四	二五六六七〇三九三三一
五	〇八二六五二一九	二〇五三六六九一九	一五一三六四一〇三一	二七一八〇六八〇三六二
六	損〇〇八二六五二一九	二一三六三二一三八	一五三〇一七一四六九	二八七一〇八五一八三一
七	二三一七七五一六	〇五三六六九一九	四五〇八三七六六	三〇二五九三五五九七
八	三五一〇七六三一	一八二一八九四〇三	五七〇一三八八一	三一八一二九四九四七八
九	四四〇五五五六五	四七〇八一七七二	六五九六一八一五	三三三七八九一一二九三

策	度十分十秒十微十纖	度十分十秒十微十纖	十度十分十秒十微十纖	百十度十分十秒十微十纖
十	五〇〇二一三一八	〇三〇二六二〇七	七一九二七五六八	三四九五〇八三八八六一
十一	五三〇〇四八八九	〇五三〇〇四八八九	七四九一一一三九	三六五二五七五〇〇〇〇

水星盈縮立成

入曆策	損益率	盈縮積	行定度	行積度
策	度十分十秒十微十纖	度十分十秒十微十纖	十度十分十秒十微十纖	百十度十分十秒十微十纖
初	益〇五八〇〇五八一八	盈〇〇〇〇〇〇〇〇	一五七九九一二〇六八	一五七九九一二〇六八
一	五四〇二〇七二二	五八〇〇五八一八	七五九二六九七二	三一五五八三九〇四〇
二	四七〇五三四四六	一一二〇二六五四〇	六八九五九六九六	四七二四七九八七三六
三	三七一〇三九八七	五九〇七九九八六	五九〇一〇二三七	六二八三八〇八九七三
四	二四一七二三四八	九六一八三九七三	四六〇七八五九八	七八二九八八七五七一

五	○八二五八五二六	二二○三五六三二一	三○一六四七七六	九三六○○五二三四七
六	損○○八二五八五二六	二二八六一四八四七	一五一三六四七七二四	一○八七三七○○○七一
七	二四一七二三四八	二○三五六三二一	一四九七七三三九○二	一二三七一四三三九七三
八	三七一○三九八七	一九六一八三九七三	八四八○二二六三	一三八五六二三六二三六
九	四七○五三四四六	五九○七九九八六	七四八五二八○四	一五三三一○八九○四○
十	五四○二○七二二	一二○二六五四○	六七八八五五二八	一六七九八九七四五六八
十一	五八○○五八一八	五八○○五八一八	六三九○○四三二	一八二六二八七五○○○
初	盈○五八○○五八一八	縮○○○○○○○○○	一四六三九○○四三二	一九七二六七七五四三二
一	五四○二○七二二	五八○○五八一八	六七八八五五二八	二一一九四六六○九六○
二	四七○五三四四六	一一二○二六五四○	七四八五二八○四	二二六六九五一三七六四
三	三七一○三九八七	五九○七九九八六	八四八○二二六三	二四一五四三一六○二七
四	二四一七二三四八	九六一八三九七三	九七七三三九○二	二五六五二○四九九二九

策	度十分十秒十微十纖	度十分十秒十微十纖	十度十分十秒十微十纖	百十度十分十秒十微十纖
五	〇八二五八五二六	二二〇三五六三二一	一五一三六四七七二四	二七一六五六九七六五三
六	損〇〇八二五八五二六	二二八六一四八四七	一五三〇一六四七七六	二八六九五八六二四二九
七	二四一七二三四八	二〇三五六三二一	四六〇七八五九八	三〇二四一九四一〇二七
八	三七一〇三九八七	一九六一八三九七三	五九〇一〇二三七	三一八〇〇九五一二六四
九	四七〇五三四四六	五九〇七九九八六	六八九五九六九六	三三三六九九一〇九六〇
十	五四〇二〇七二二	一一二〇二六五四〇	一五七五九二六九七二	三四九四五八三七九三二
十一	五八〇〇五八一八	〇五八〇〇五八一八	一五七九九一二〇六八	三六五二五七五〇〇〇〇

明史卷三十五

志第十一

曆五

大統曆法三上 推步

大統推步，悉本授時，惟去消長而已。然通軌諸捷法，實爲布算所須，其閒次序，亦有與曆經微别者。如氣朔發斂，授時原分二章，今合爲一。授時盈縮差在日躔，遲疾差在月離，定朔、經朔離爲二處。今則經朔後，卽求定朔，於用殊便。其目七：曰氣朔，曰日躔，曰月離，曰中星，曰交食，曰五星，曰四餘。

步氣朔 發斂附

洪武十七年甲子歲爲元。上距至元辛巳一百〇四算。

歲周三百六十五萬二千四百二十五分，實測無消長。半之爲歲周，四分之爲氣象限，二十四分之爲氣策。

日周一萬。卽一百刻，刻有百分，分有百秒，以下微纖，皆以百遞析。

氣應五十五萬○三百七十五分。

置距算一百○四，求得中積三億七千六百一十九萬九千七百七十五分，加辛巳氣應五十五萬○六百分，得通積三億七千六百七十五萬○三百七十五分，滿紀法六十去之，餘爲大統氣應。

閏應一十八萬二千○百七十○分一十八秒。

置中積，加辛巳閏應二十○萬二千○五十分，得閏積三億七千六百四十○萬一千八百二十五分，滿朔實去之，餘爲大統閏應。

轉應二十○萬九千六百九十○分。

置中積，加辛巳轉應一十三萬○二百○五分，共得三億七千六百三十二萬九千九百八十分，滿轉終去之，餘爲大統轉應。

交應一十一萬五千一百○五分○八秒。

置中積加辛巳交應二十六萬○三百八十八分，共得三億七千六百四十六萬○一百六十三分，滿交終去之，餘爲大統交應。

按授時曆既成之後，閏轉交三應數，旋有改定，故元志、曆經閏應二十〇萬一千八百五十分，而通軌載閏應二十〇萬二千〇五十分，實加二百分，是當時經朔改早二刻也。曆經轉應一十三萬一千九百〇四分，通軌載轉應一十三萬〇二百〇五分，實減一千六百九十九分，是入轉改遲一十七刻弱也。曆經交應二十六萬〇一百八十七分八十六秒，通軌交應二十六萬〇三百八十八分，實加二百分一十四秒，是正交改早二刻强也。或以通軌辛巳三應，與元志互異，目爲元統所定，非也。夫改憲必由測驗，卽當具詳始末，何反追改授時曆，自沒其勤乎？是故通軌所述者，乃授時續定之數，而曆經所存，則其未定之初藁也。

通餘五萬二千四百二十五分。

朔策二十九萬五千三百〇五分九十三秒，一名朔實。半之爲望策，一名交望。又半之爲弦策。

通閏一十〇萬八千七百五十三分八十四秒。

月閏九千〇百六十二分八十二秒。

閏限一十八萬六千五百五十二分〇九秒。一名閏准。

盈初縮末限八十八萬九千〇百九十二分二十五秒。

縮初盈末限九十三萬七千一百二十〇分二十五秒。

轉終二十七萬五千五百四十六分，半之爲轉中。

朔轉差一萬九千七百五十九分九十三秒。

日轉限一十二限二十。

轉中限一百六十八限〇八三〇六〇。以日轉限乘轉中。一名限總。

朔轉限二十四限一〇七一一四六。以日轉限乘朔轉差。

弦轉限九十〇限〇六八三〇八六五。以日轉限乘弦策。一名限策。

交終二十七萬二千一百二十二分二十四秒。

朔交差二萬三千一百八十三分六十九秒。

氣盈二千一百八十四分三十七秒五十微。

沒限七千八百一十五分六十二秒五十微。

朔虛四千六百九十四分〇七秒。

盈策九萬六千六百九十五分二十八秒。

虛策二萬九千一百〇四分二十二秒。

土王策三萬〇四百三十六分八十七秒五十微。

宿策一萬五千三百〇五分九十三秒。

紀法六十萬。即旬周六十日。

推天正冬至　置距洪武甲子積年減一，以歲周乘之爲中積，加氣應爲通積，滿紀法去之，至不滿之數，爲天正冬至。以萬爲日，命甲子算外，爲冬至日辰。累加通餘，即得次年天正冬至。

推天正閏餘　置中積，加閏應，滿朔策去之，至不滿之數，爲天正閏餘。累加通閏，即得次年天正閏餘。

推天正經朔　置冬至，減閏餘，遇不及減，加紀法減之，爲天正經朔。無閏，加五十四萬三六七一一六。十二朔策去紀法。有閏，加二十三萬八九七七〇九。十三朔實去紀法。滿紀法仍去之，即得次年天正經朔。視天正閏餘在閏限已上，其年有閏月。

推天正盈縮　置半歲周，內減其年閏餘全分，餘爲所求天正縮曆。如逕求次年者，於天正縮曆內減通閏，即得。減後，視在一百五十三日〇九已下者，復加朔實，爲次年天正縮曆。

推天正遲疾　置中積，加轉應，減去其年閏餘全分，餘滿轉終去之，即天正入轉。視在轉中已下爲疾曆，已上去之爲遲曆。如逕求次年者，加二十三萬七一一九一六，十二轉差之積。經閏再加轉差，皆滿轉終去之，遲疾各仍其舊。若滿轉中去之，爲遲疾相代。

推天正入交　置中積，減閏餘，加交應，滿交終去之，卽天正入交汎日。如逕求次年者，加六千〇八十二分〇四秒，十二交差內去交終。經閏加二萬九千二百六十五分七十三秒，十三交差內去交終。皆滿交終仍去之，卽得。

推各月經朔及弦望　置天正經朔，加二朔策，滿紀法去之，卽得正月經朔。以弦策累加之，去紀法，卽得弦望及次朔。

推各恒氣　置天正冬至，加三氣策，滿紀法去之，卽得立春恒日。以氣策累加之，去紀法，卽得二十四氣恒日。

推閏在何月　置朔策，以有閏之年閏餘減之，餘爲實，以月閏爲法而一，得數命起天正次月算外，卽得所閏之月。閏有進退，仍以定朔無中氣爲定。如減餘不及月閏，或僅及一月閏者，爲閏在年前。

推各月盈縮曆　置天正縮曆，加二朔策，去半歲周，卽得正月經朔下盈曆。累加弦策，各得弦望及次朔，如滿半歲周去之交縮，滿半歲周又去之卽復交盈。

推初末限　視盈曆在盈初縮末限已下，縮曆在縮初盈末限已下，各爲初。已上用減半歲周爲末。

推盈縮差　置初末曆小餘，以立成內所有盈縮加分乘之爲實，日周一萬爲法除之，得數以加其下盈縮積，卽盈縮差。

推各月遲疾曆　置天正經朔遲疾曆，加二轉差，得正月經朔下遲疾曆。累加弦策，得弦望及次朔，皆滿轉中去之，爲遲疾相代。

推遲疾限　各置遲疾曆，以日轉限乘之，卽得限數。　以弦轉限累加之，滿轉中限去之，卽各弦望及次朔限。　如巡求次月，以朔轉限加之，亦滿轉中去之，卽得。又法：視立成中日率，有與遲疾曆較小而相近者以減之，餘在八百二十已下，卽所用限。

求遲疾差　置遲疾曆，以立成日率減之，如不及減，則退一位。餘以其下損益分乘之爲實，八百二十分爲法除之，得數以加其下遲疾積，卽遲疾差。

推加減差　視經朔弦望下所得盈縮差、遲疾差，以盈遇遲、縮遇疾爲同相併，盈遇疾、縮遇遲爲異相較，各以八百二十分乘之爲實，再以遲疾限行度內減去八百二十分，爲定限度爲法，法除實爲加減差。　盈遲爲加，縮疾爲減，異名相較者，盈多於疾爲加，疾多於盈爲減，縮多於遲減，遲多於縮加。

推定朔弦望　各置經朔弦望，以加減差加減之，卽爲定日。視定朔干名，與後朔同者月大，不同者月小，內無中氣者爲閏月。其弦望在立成相同日日出分已下者，則退一日命之。

推各月入交　置天正經朔入交汎日加二交差，得正月經朔下入交汎日。累加交望，滿交終去之，卽得各月下入交汎日。遞求次月，加交差卽得。

推土王用事　置穀雨、大暑、霜降、大寒恒氣日，減土王策，如不及減，加紀法減之，卽各得土王用事日。

推發斂加時　各置所推定朔弦望及恒氣之小餘，以十二乘之，滿萬爲時，命起子正。滿五千，又進一時，命起子初。算外得時不滿者，以一千二百除之爲刻，命起初刻。初正時之刻，皆以初一二三四爲序，於算外命之。其第四刻爲畸零，得刻法三之一，凡三時成一刻，以足十二時百刻之數。

按古曆及授時，皆以發斂爲一章。發斂云者，日道發南斂北之細數也，而加時附焉，則又所以紀發斂之辰刻，故曰發斂加時也。大統取其便算，故合發斂與氣朔共爲一章，或以乘除疏發斂，非其質矣。

推盈日　視恒氣小餘，在沒限已上，爲有盈之氣。置策餘一萬〇一四五六二五，以十五日除氣策。以有盈之氣小餘減之，餘以六十八分六六以氣盈除十五日。乘之，得數以加恒氣大餘，滿紀法去之，命甲子算外，得盈日。求次盈。置盈日及分秒，以盈策加之，又去紀法，即得。

推虛日　視經朔小餘在朔虛已下，爲有虛之朔。置有虛之朔小餘，以六十三分九一以朔虛除三十日。乘之，得數以加經朔大餘，滿紀法去之，命甲子算外爲虛日。求次虛。置虛日及分秒，以虛策加之，又去紀法，即得。

推直宿　置通積，以氣應加中積。減閏應，以宿會二十八萬累去之，餘命起翼宿算外，得天正經朔直宿。置天正經宿直宿，加兩宿策，爲正月經朔直宿。以宿策累加，得各月經朔直宿。再以各月朔下加減差加減之，爲定朔直宿。

步日躔

周天三百六十五度二十五分七十五秒，半之爲半周天，又半之爲象限。

歲差一分五十秒。

周應三百一十五度一十分七十五秒。

按此係至元辛巳之周應，乃自虛七度至箕十度之數也。洪武甲子相距一百四年，歲差已退天一度五十四分五十秒，而周應仍用舊數，殆傳習之誤耳。

推天正冬至日躔赤道宿次　置中積，加周應，應減距曆元甲子以來歲差。滿周天去之，不盡，起虛七度，依各宿次去之，即冬至加時赤道日度。如求次年，累減歲差，即得。

赤道度

虛八九五七五	危十五四〇	室十七一〇	壁八六〇	奎十六六〇	婁十一八〇	胃十五六〇
昴十一三〇	畢十七四〇	觜初〇五	參十一一〇	井三十三三〇	鬼二二〇	柳十三三〇
星六三〇	張十七二五	翼十八七五	軫十七三〇	角十二一〇	亢九二〇	氐十六三〇
房五六〇	心六五〇	尾十九一〇	箕十四〇	斗二十五二〇	牛七二〇	女十一三五

推天正冬至日躔黃道宿次　置冬至加時赤道日度，以至後赤道積度減之，餘以黃道率乘之。如赤道率而一，得數以加黃道積度，即冬至加時黃道日度。黃赤道積度及度率，俱見法原。

黃道度

箕九五九	斗二十三四七	牛六九〇	女十一一二	虛九〇〇七五	危十五九五	室十八三二
壁九三四	奎十七八七	婁十二三六	胃十五八一	昴十一〇八	畢十六五〇	觜初〇五
參十二八	井三十一〇三	鬼二一一	柳十三	星六三一	張十七七九	翼二十〇九

軫十八七五	角十二八七	亢九五六	氐十六四〇	房五四八	心六二七	尾十七九五

推定象限度　以冬至加時赤道日度，與冬至加時黃道日度相減，爲黃赤道差。以本年黃赤道差，與次年黃赤道差相減，餘以四而一，加入氣象限內，爲定象限度。

推四正定氣日　置所推冬至分，即爲冬正定氣，加盈初縮末限，滿紀法去之，餘爲春正定氣。加縮初盈末限，去紀法，餘爲夏正定氣。　加縮初盈末限，去紀法，餘爲秋正定氣。加盈初縮末限，去紀法，餘爲次年冬正定氣。

推四正相距日　以前正定氣大餘，減次正定氣大餘，加六十日，得相距日。如次正氣不及減者，加六十日減之，再加六十日，爲相距日。

推四正加時黃道積度　置冬至加時黃道日度，累加定象限度，各得四正加時黃道積度。

推四正加時減分　置四正定氣小餘，以其初日行度乘之，如日周而一，爲各正加時減分。

冬正行一度〇五一〇八五。　春正距夏正九十三日者，行〇度九九九七〇三，距九十四日者行一度。　夏正行〇度九五一五一六。　秋正距冬正八十八日者，行一度〇〇五〇五，距八十九日者行一度。

推四正夜半積度　置四正加時黃道積度，減去其加時減分，卽得。

推四正夜半黃道宿次　置四正夜半黃道積度，滿黃道宿度去之，卽得。

推四正夜半相距度　置次正夜半黃道積度，以前正夜半黃道積度減之，餘爲兩正相距度，遇不及減者，加周天減之。

推四正行度加減日差　以相距度與相距日下行積度相減，餘如相距日而一，爲日差。從相距度內減去行積度者爲加，從行積度內減去相距度者爲減。

秋正距冬至，冬至距春正八十八日，行積度九十度四〇〇九，八十九日行積度九十一度四〇一四。　春正距夏至，夏至距秋正九十三日，行積度九十度五九九〇，九十四日行積度九十一度五九八七。

推每日夜半日度　置四正後每日行度，在立成。以日差加減之，爲每日行定度。　置四正夜半日度，以行定度每日加之，滿黃道宿度去之，卽每日夜半日度。

黃道十二次宿度

危十二度六四九一，入娵訾，辰在亥。

奎一度七三六二，入降婁，辰在戌。

胃三度七四五六，入大梁，辰在酉。
畢六度八八〇五，入實沈，辰在申。
井八度三四九四，入鶉首，辰在未。
柳三度八六八〇，入鶉火，辰在午。
張十五度二六〇六，入鶉尾，辰在巳。
軫十度〇七九七，入壽星，辰在辰。
氐一度一四五二，入大火，辰在卯。
尾三度〇一一五，入析木，辰在寅。
斗三度七六八五，入星紀，辰在丑。
女二度〇六三八，入玄枵，辰在子。

推日躔黄道入十二次時刻　置入次宿度，以入次日夜半日度減之，餘以日周乘之，一分作百分。爲實。以入次日夜半日度，與明日夜半日度相減，餘爲法。實如法而一，得數，以發斂加時求之，即入次時刻。

步月離

月平行度一十三度三十六分八十七秒半。

周限三百三十六，半之爲中限，又半之爲初限。

限平行度一度○九分六十二秒。

太陽限行八分二十秒。

上弦九十一度三十一分四十三秒太。

望一百八十二度六十二分八十七秒半。

下弦二百七十三度九十四分三十一秒少。

交終度三百六十三度七十九分三十四秒一九六。

朔平行度三百九十四度七八七一一五一六八七五。

推朔後平交日　置交終分，見氣朔曆。減天正經朔交汎分，爲朔後平交日。如推次月，累減交差二日三一八三六九，得次月朔後平交日。不及減交差者，加交終減之，其交又在本月，爲重交月朔後平交日。每歲必有重交之月。

推平交入轉遲疾曆　置經朔遲疾曆，加入朔後平交日爲平交入轉。在轉中已下，其遲疾與經朔同，已上減去轉中疾交遲，遲交疾。如推次月，累減交轉差三千四百二十三分七六，交差內減轉差數。卽得。如不及減，加轉中減之，亦遲疾相代。

推平交入限遲疾差　置平交入轉遲疾曆，依步氣朔內，推遲疾限及遲疾差，即得。

推平交加減定差　置平交入限遲疾差，以日率八百二十分乘之，以所入遲疾限下行度而一，即得。在遲爲加，在疾爲減。

推經朔加時中積　置經朔盈縮曆，見步氣朔內。在盈曆即爲加時中積，在縮曆加半歲周。如推次月，累加朔策，滿歲周去之，即各朔加時中積，命日爲度。若月內有二交，後交即注前交經朔加時中積。

推正交距冬至加時黃道積度及宿次　置朔後平交日，以月平行乘之爲距後度，以加經朔加時中積，爲各月正交距冬至加時黃道積度。加冬至加時黃道日度，見日躔。以黃道積度鈐減之，至不滿宿次，即正交月離。如推次月，累減月平交朔差一度四六三一〇二。以交終度減天周，其數宜爲一度四六四〇八〇。遇重交月，同次朔。後倣此。

黃道積度鈐

箕九度五九	斗三十三度〇六	牛三十九度九六	女五十一度〇八
虛六十度〇八七五	危七十六度〇三七五	室九十四度三五七五	壁一百三度六九七五
奎一百二十一度五六七五	婁一百三十三度九二七五	胃一百四十九度七三七五	昴一百六十度八一七五

畢一百七十七度三一七五	觜一百七十七度三六七五	參二百八十七度六四七五	井三百一十八度六七七五
鬼二百二十度七八七五	柳二百三十三度七八七五	星　二百四十度〇九七五	張二百五十七度八八七五
翼二百七十七度九七七五	軫二百九十六度七二七五	角　三百〇九度五九七五	亢三百一十九度二五七五
氐三百三十五度五五七五	房三百四十一度〇三七五	心三百四十七度三〇七五	尾三百六十五度二五七五

推正交日辰時刻　置朔後平交日，加經朔，去紀法，以平交定差加減之，其日命甲子算外，小餘依發斂加時求之，即得正交日辰時刻。如推次月，累加交終，滿紀法去之。如遇重交，再加交終。

推四正赤道宿次　置冬至赤道日度，以氣象限累加之，滿赤道積度去之，爲四正加時赤道日度。

赤道積度鈐

箕十度四	斗三十五度六	牛四十二度八	女五十四度一五
虛六十三度一〇七五	危七十八度五〇七五	室九十五度六〇七五	壁一百四度二〇七五
奎一百二十度八〇七五	婁一百三十二度六〇七五	胃一百四十八度二〇七五	昴一百五十九度五〇七五

畢二百七十六度九〇七五	觜二百七十六度九五七五	參二百八十八度〇五七五	井三百二十一度三五七五
鬼三百二十三度五五七五	柳三百三十六度八五七五	星三百四十三度一五七五	張二百六十度四〇七五
翼三百七十九度一五七五	軫三百九十六度四五七五	角三百〇八度五五七五	亢三百十七度七五七五
氐三百三十四度〇五七五	房三百三十九度六五七五	心三百四十六度一五七五	尾三百六十五度二五七五

推正交黃道在二至後初末限　置正交距冬至加時黃道積度，在半歲周已下爲冬至後，已上減去半歲周，餘爲夏至後。又視二至後度分，在氣象限已下爲初限，已上用減半歲周，餘爲末限。推次月者，若本月初限，則累減月平交朔差，餘爲次月初限。不及減者，反減月平交朔差，餘爲次月末限。若本月末限，則累加月平交朔差，爲次月末限，至滿氣象限，以減半歲周，餘爲次月初限。

推定差度　置初末限，以象極總差一分六〇五五〇八乘之，即爲定差度。象極總差，是以象限除極差，其數宜爲一十六分〇五四四二。如推次月初限則累減，末限則累加，俱以極平差二十三分四九〇二加減之。極平差，是以月平交朔差，乘象極總差，其數宜爲二十三分五〇四九。

推距差度　置極差十四度六六，減去定差度，即得。求次月，以極平差加減之。初限加，末限減。

推定限度　置定差度，以定極總差一分六三七一〇七乘之，定極總差，是以極差除二十四度，其數宜爲一度六三七一〇七。所得視正交在冬至後爲減，夏至後爲加，皆置九十八度加減之，卽得。

推月道與赤道正交宿度　正交在冬至後，置春正赤道積度，以距差度初限加末限減之。在夏至後，置秋正赤道積度，以距差初限減末限加之。得數，滿赤道積度鈐去之，卽得。

推月道與赤道正交後積度幷入初末限　視月道與赤道正交所入某宿次，卽置本宿赤道全度，減去月道與赤道正交宿度，餘爲正交後積度。以赤道各宿全度累加之，滿氣象限去之，爲半交後。又滿去之，爲中交後。再滿去之，爲半交後。視各交積度，在半象限以下爲初限，以上覆減象限，餘爲末限。

推定差　置每交定限度，與初末限相減相乘，得數，千約之爲度，卽得。正交、中交後爲加，半交後爲減。

推月道定積度及宿次　置月道與赤道各交後每宿積度，以定差加減之，爲各交月道積度。加月道與赤道正交定宿度，共爲正交後宿度。以前宿定積度減之，卽得各交月道宿次。

活象限例

置正交後宿次，加前交後半交末宿定積度，爲活象限。如正交後宿次度少，加前交不及數，却置正交後宿次加氣象限卽是。如遇換交之月，置正交後宿次，以前交前半交末宿定積度加之，爲換交活象限。假如前交正交是軫，後交正交是角，其前交欠一軫。求活象限者，置正交後宿次，不從翼下取定積度加之，仍於軫下取定積度也。又如前交、正交是軫，後交、正交是翼，其前交多一翼。求活象限者，置正交後宿次，不從翼下取定積度加之，仍於張下取定積度也。

推相距日　置定上弦大餘，減去定朔大餘，卽得。上弦至望，望至下弦，下弦至朔倣此。不及減者，加紀法減之。

推定朔弦望入盈縮曆及盈縮定差　置各月朔弦望入盈縮曆，以朔弦望加減差加減之，並在步氣朔內。爲定盈縮曆。視盈曆在盈初限已下爲盈初限，已上用減半歲周，餘爲盈末限。縮曆在縮初限已下爲縮初限，已上用減半歲周，餘爲縮末限。依步氣朔內求盈縮差，爲盈縮定差。

推定朔弦望加時中積　置定盈縮曆，如是盈曆在朔，便爲加時中積，在上弦加氣象限，在望加半歲周，在下弦加三象限。如是縮曆在朔，加半歲周，在上弦加三象限，在望便爲加時中積，在下弦加氣象限，加後滿周天去之。

推黃道加時定積度　置定朔弦望加時中積，以其下盈縮定差盈加縮減之，卽得。

推赤道加時定積度及宿次　置黃道加時定積度，在周天象限已下爲至後，已上去之爲分後，滿兩象限去之爲至後，滿三象限去之爲分後。置分至後黃道積度，以立成內分至後積度減之，餘以其下赤道度率乘之，如黃道度率而一，得數加入分至後積度，次以所去象限合之，爲赤道加時定積度。置赤道加時定積度，加入天正冬至加時赤道日度，滿赤道積度鈐去之，得定朔弦望赤道加時宿次。

推正半中交後積度　置定朔弦望加時赤道宿次，視朔弦望在何交後，正半，中半。卽以交後積度，在朔望加時赤道宿前一宿者加之，卽爲正半中交後積度，滿氣象限去之，爲正半中換交。

推初末限　視正半中交後積度，在半象限已下爲初限，已上覆減氣象限，餘爲末限。

推月道與赤道定差　置其交定限度，與初末限相減相乘，所得，千約之爲度，卽定差。在正交、中交爲加，在半交爲減。

推正半中交加時月道定積度　置正半中交後積度，以定差加減之，爲朔弦望加時月道定積度。

推定朔弦望加時月道宿次　置定朔弦望加時月道定積度，取交後月道定積度，在所置宿前一宿者減之，卽得。遇轉交則前積度多，所置積度少爲不及減。從半轉正，加其交活象限減之。從正轉半，從半轉中，從中轉半，皆加氣象限減之。

推夜半入轉日　置經朔弦望遲疾曆，以定朔弦望加減差加減之。在疾曆，便爲定朔弦望加時入轉日。在遲曆，用加轉中置定朔弦望加時入轉日，以定朔弦望小餘減之，爲夜半入轉日。過入轉日少不及減者，加轉終減之。

推加時入轉度　置定朔弦望小餘，去秒，取夜半入轉日下轉定度乘之，萬約之爲分，即得。

遲疾轉定度鈐

初日十四度六七六四	七日十三度二三五三	十四日十二度〇八五二	二十一日十三度五七一二
一日十四度五五七三	八日十二度九四七五	十五日十二度二一二二	二十二日十三度八五一一
二日十四度四〇二九	九日十二度六九四八	十六日十二度三七五二	二十三日十四度〇九五五
三日十四度二一三〇	十日十二度四七七七	十七日十二度五七三〇	二十四日十四度三〇四六
四日十三度九八七七	十一日十二度二九六〇	十八日十二度八〇六三	二十五日十四度四七八二
五日十三度七二七一	十二日十二度一四九六	十九日十三度〇七五三	二十六日十四度六一六三

六日十三度四四四六	十三日十二度〇四六二	二十日十三度三三七七	二十七日十四度七一五四

推定朔弦望夜半入轉積度及宿次　置定朔弦望加時月道定積度，減去加時入轉度，爲夜半積度。如朔弦望加時定積度初換交，則不及減，半正相接，用活象限，正半、中半相接，用氣象限加之，然後減加時入轉度，則正者爲後半，後半爲中，中爲前半，前半爲正。置朔弦望夜半月道定積度，依推定朔弦望加時月道宿次法減之，爲夜半宿次。

推晨昏入轉日及轉度　置夜半入轉日，以定盈縮曆檢立成日下晨分加之，爲晨入轉日。滿轉終去之。置其日晨分，取夜半入轉日下轉定度乘之，萬約爲分，爲晨轉度。如求昏轉日轉度，依法檢日下昏分，卽得。

推晨昏轉積度及宿次　置朔弦望夜半月道定積度，加晨轉度，爲晨轉積度。如求昏轉積度，則加昏轉度，滿氣象限去之，則換交。若推夜半積度之時，因朔弦望加時定積不及減轉度，以半正相接，而加活象限減之者，今復換正交，則以活象限減之。置晨轉積度，依前法減之，爲晨分宿次。置昏轉積度，依法減之，爲昏分宿次。

推相距度　朔與上弦相距，上弦與望相距，用昏轉積度。望與下弦相距，下弦與朔相距，用晨轉積度。置後段晨昏轉積度，視與前段同交者，竟以前段晨昏轉積度減之，餘爲相距度。若後段與前段接兩交者，從正入半，從半入中，從中入半，加氣象限。從半入正，加活象限。然後以前段晨昏轉積度減之。若後段與前段接三交者，其內無從半入正，則加二氣象限，其內有從半入正，則加一活象限，一氣象限，以前段晨昏轉積度減之。

推轉定積度　置晨昏入轉日，朔至弦，弦至望，用昏。望至弦，弦至朔，用晨。以前段減後段，不及減者，加二十八日減之，爲晨昏相距日。從前段下，於鈐內驗晨昏相距日同者，取其轉定積度。若朔弦望相距日少晨昏相距日一日者，則於晨昏相距日同者，取其轉積度，減去轉定極差一十四度七一五四，餘爲前段至後段轉定積度。

轉定積度鈐

晨昏日	距後六日	距後七日	距後八日
初日	八十五度五六四四	九十九度〇〇九〇	一百十二度二四四三
一日	八十四度三三二六	九十七度五六七九	一百一十度五一五四
二日	八十三度〇一〇六	九十五度九五八一	一百〇八度六五二九
三日	八十一度五五五二	九十四度二五〇〇	一百〇六度七二七七

四日	八十〇度〇三七〇	九十二度五一四七	一百〇四度八一〇七
五日	七十八度五二七〇	九十〇度八二三〇	一百〇二度九七二六
六日	七十七度〇九五九	八十九度二四五五	一百〇一度二九一七
七日	七十五度八〇〇九	八十七度八四七一	九十九度九三二三
八日	七十四度六一一八	八十六度六九七〇	九十八度九〇九二
九日	七十三度七四九五	八十五度九六一七	九十八度三三六九
十日	七十三度二六六九	八十五度六四二一	九十八度二一五一
十一日	七十三度一六四四	八十五度七三七四	九十八度五四三七
十二日	七十三度四四一四	八十六度二四七七	九十九度三二三〇
十三日	七十四度〇九八一	八十七度一七三四	一百〇〇度五一一一
十四日	七十五度一二七二	八十八度四六四九	一百〇二度〇三六一
十五日	七十六度三九九七	八十九度九五〇九	一百〇三度八〇二〇

十六日	七十七度七三八七	九十一度五八九八	一百〇五度六八五二
十七日	七十九度二一四六	九十三度三一〇一	一百〇七度六一〇七
十八日	八十〇度七三七一	九十五度〇四一七	一百〇九度五一九九
十九日	八十二度二三五四	九十六度七一三六	一百十一度三二九九
二十日	八十三度六三八三	九十八度二五四六	一百十二度九七〇〇
二十一日	八十四度九一六八	九十九度六三二三	一百十四度三〇七八
二十二日	八十六度〇六一一	一百〇度七三七五	一百十五度二九四八
二十三日	八十六度八八六四	一百一度四四三七	一百十五度八四六六
二十四日	八十七度三四八二	一百一度七五一一	一百十五度九六四一
二十五日	八十七度四四六五	一百一度六五九五	一百十五度六四七二
二十六日	八十七度一八一三	一百一度一六九〇	一百十四度八九六一
二十七日	八十六度五五二七	一百〇度二七九八	一百十二度七二四四

推加減差　以相距度與轉定積度相減爲實，以其朔弦望相距日爲法除之，所得視相距度多爲加差，少爲減差。

推每日太陰行定度　置朔弦望晨昏入轉日，視遲疾轉定度鈐日下轉定度，累日以加減差加減之，至所距日而止，卽得。

推每日月離晨昏宿次　置朔弦望晨昏宿次，以每日太陰行度加之，滿月道宿次減之，卽得。

赤道十二宮界宿次

亥危十二度二六一五	戌奎一度五九九六	酉胃三度六三七八
申畢七度一五七九	未井九度〇六四〇	午柳四度〇〇二一
巳張十四度八四〇三	辰軫九度二七八四	卯氐一度一一六五
寅尾三度一五四六	丑斗四度〇五二八	子女二度一三〇九

推月與赤道正交後宮界積度　視月道與赤道正交後，各宿積度宮界，某宿次在後，卽以加之，便爲某宮下正交後宮界積度。求次宮者，累加宮率三十度四三八一，滿氣象限去

之，各得某宮下半交、中交後宮界積度。

推宮界定積度　視宮界積度在半象限已下爲初限，已上覆減氣象限，餘爲末限。置其交定限度，與初末限相減、相乘，所得，千約之爲度，在正交、中交爲加差，在半交爲減差。置宮界正半中交後積度，以定差加減之，爲宮界定積度。

推宮界宿次　置宮界定積度，於月道內取其在所置前一宿者減之，不及減者，加氣象限減之。

推每月每日下交宮時刻　置每月宮界宿次，減入交宮日下月離晨昏宿次。如不及減者，加宮界宿次前宿度減之，餘以日周乘之，以其日太陰行定度而一，得數，又視定盈縮曆取立成日下晨昏分加之。晨加晨分，昏加昏分。如滿日周交宮在次日，不滿在本日，依發斂推之，即交宮時刻。

步中星

推每日夜半赤道　置推到每日夜半黃道，見日躔。依法以黃道積度減之，餘如黃道率而一，以加赤道積度。又以天正冬至赤道加之，如在春正後，再加一象限，夏至後加半周天，秋正後加三象限，爲每日夜半赤道積度。

推夜半赤道宿度　置夜半赤道積度，以赤道宿度挨次減之，爲本日夜半赤道宿度。

推晨距度及更差度　置立成內每日晨分，以三百六十六度二十五分七十五秒乘之爲實，如日周而一，爲晨距度。倍晨距度，以五除之，爲更差度。

推每日夜半中星　置推到每日夜半赤道宿度，加半周天，卽夜半中星積度。以赤道宿度挨次減之，爲夜半中星宿度。

推昏旦中星　置夜半中星積度，減晨距度，爲昏中星積度。以更差度累加之，爲逐更及旦中星積度。俱滿赤道宿度去之，卽得。以晨分五之一，加倍爲更率。更率五而一爲點率。凡昏分，卽一更一點，累加更率爲各更。凡交更卽爲一點，累加點率爲各點。

明史卷三十六

志第十二

曆六

大統曆法三下 推步

步交食

交周日二十七日二十一刻二二二四。半之爲交中日。

交終度三百六十三度七九三四一九六。半之爲交中度。

正交度三百五十七度六四。

中交度一百八十八度〇五。

前準一百六十六度三九六八。

後準一十五度五。

交差二日三一八三六九。

交望一十四日七六五二九六五。

日食陽曆限六度。定法六十。

日食陰曆限八度。定法八十。

月食限十三度五分。定法八十七。

陽食限 視定朔入交。

〇日六〇已下　一十三日一〇已上　在一十四日，不問小餘，皆入食限。

一十五日二〇已下　二十五日六〇已上　在二十六日、二十七日，不問小餘，皆入食限。

陰食限 視定望入交。

一日二〇已下　一十二日四〇已上　在〇日一十三日，不問小餘，皆入食限。

一十四日八〇已下　二十六日〇五已上　在二十七日，不問小餘，皆入食限。又視定朔小餘在日出前、日入後二十分已上者，日食在夜。定望小餘在日入前、日出後八刻二十分已上者，月食在晝。皆不必布算。

推日食用數

經朔　盈縮曆　盈縮差　遲疾曆　遲疾差　加減差　定朔　入交汎分以上皆全錄之。

定入遲疾曆以加減差，加減遲疾即是。　遲疾定限置定入遲疾曆，以日轉限一十二限二十分乘之，小餘不用。　定限行度以定限，取立成內行度，遲用遲，疾用疾，內減日行分八分二十秒，得之。

日出分以盈縮曆，從立成內取之，下同。　日入分　半晝分取立成內昏分，減去五千二百五十分，得之。

歲前冬至加時黃道宿次

推交常度　置有食之朔入交汎分，以月平行度乘之，卽得。

推交定度　置交常度，以朔下盈縮差盈加縮減之，卽得。

推日食正交中交限度　視交定度在七度已下，三百四十二度已上者，食在正交。在一百七十五度已上，二百○二度已下者，食在中交。不在限內不食。

推中前中後分　視定朔小餘，在半日周已下，用減半日周，餘爲中前分。在半日周已上，減去半日周，餘爲中後分。

推時差　置半日周，以中前、中後分減之，餘以中前中後分乘之，所得以九千六百而一爲時差。在中前爲減，中後爲加。

推食甚定分　置定朔小餘，以時差加減之，卽得。

推距午定分　置中前、中後分，加時差卽得。但加不減。

推食甚入盈縮曆　置原得盈縮曆，加入定朔大餘及食甚定分，卽得。

推食甚盈縮差　依步氣朔求之。

推食甚入盈縮曆行定度　置食甚入盈縮曆，以盈縮差，盈加縮減之，卽得。

推南北汎差　視食甚入盈縮曆行定度，在周天象限已下爲初限，已上與半歲周相減爲末限。以初末限自之，如一千八百七十度而一，得數，置四度四十六分減之，餘爲南北汎差。

推南北定差　置南北汎差，以距午定分乘之，如半晝分而一，以減汎差，餘爲南北定差。若汎差數少，卽反減之。盈初縮末食在正交爲減，中交爲加。縮初盈末，食在正交爲加，中交爲減。如係汎差反減而得者，則其加減反是。

推東西汎差　置半歲周，減去食甚入盈縮曆行定度，餘以食甚入盈縮曆行定度乘之，以一千八百七十除之爲度，卽東西汎差。

推東西定差　置東西汎差，以距午定分乘之，如二千五百度而一，視得數在東西汎差以下，卽爲東西定差。若在汎差已上，倍汎差減之，餘爲定差。盈曆中前，縮曆中後者，正交減，中交加。盈曆中後，縮曆中前者，正交加，中交減。

推正交中交定限度　視日食在正交者置正交度，在中交者置中交度，以南北東西二定差加減之，卽得。

推日食入陰陽曆去交前交後度　視交定度在正交定限度已下，減去交定度，餘爲陰曆交前度。已上，減去正交定限度，餘爲陽曆交後度。在中交定限度已下，減去交定度，餘爲陽曆交前度。已上，減去中交定限度，餘爲陰曆交後度。若交定度在七度已下者加交終度，減去正交定限度，餘爲陽曆交後度。

推日食分秒　在陽曆者，置陽食限六度，減去陽曆交前、交後度，不及減者，不食。陰曆同。餘以定法六十而一。在陰曆者，置陰食限八度，減去陰曆交前、交後度，餘以定法八十而一，卽得。

推定用分　置日食分秒與二十分相減相乘，爲開方積。以平方法開之，爲開方數。用五千七百四十分七因八百二十分也。乘之，如定限行度而一，卽得。

推初虧復圓時刻　置食甚定分，以定用分減爲初虧，加爲復圓。各依發斂加時，卽得時刻。

推日食起復方位　陽曆初虧西南，甚於正南，復於東南。陰曆初虧西北，甚於正北，復於東北。若食在八分以上，不分陰陽曆皆虧正西，復正東。據午地而論。

推食甚日躔黃道宿次　置食甚入盈縮曆行定度，在盈就爲定積度，在縮加半歲周爲定積度。　置定積度，以歲前冬至加時黃道日度加之，滿黃道積度鈐去之，至不滿宿次，即食甚日躔。

推日帶食　視初虧食甚分，有在日出分已下，爲晨刻帶食。食甚復圓分，有在日入分已上，爲昏刻帶食。在晨置日出分，在昏置日入分，皆以食甚分與之相減，餘爲帶食差。置帶食差，以日食分秒乘之，以定用分而一，所得以減日食分秒，餘爲所見帶食分秒。

推月食用數

經望　盈縮曆　盈縮差　遲疾曆

遲疾差　加減差　定望　入交汎分

定入遲疾曆　定限　定限行度　晨分

日出分　昏分　日入分　限數

歲前冬至加時黃道宿次

推交常度　置望下入交汎分，乘月平行，如日食法。

推交定度　置交常度，以望下盈縮差盈加縮減之即得。不及減者，加交終度減之。

推食甚定分　不用時差，即以定望分爲食甚分。

推食甚入盈縮曆行定度　法同推日食。

推月食入陰陽曆　視交定度在交中度已下爲陽曆，已上減去交中度，餘爲陰曆。

推交前交後度　視所得入陰陽曆，在後準已下爲交後，在前準已上置交中度減之，餘爲交前。

推月食分秒　置月食限一十三度〇五，減去交前交後度，不及減者不食。餘以定法八十七分而一，卽得。

推月食定用分　置三十分，與月食分秒相減相乘，爲開方積。依平方法開之，爲開方數。又以四千九百二十乃六因八百二十分數。分乘之，如定限行度而一，卽得。

推月食三限初虧、食甚、復圓。時刻　置食甚定分，以定用分減爲初虧，加爲復圓。依發斂得時刻如日食。

推月食五限時刻　月食十分已上者，用五限推之，初虧、食既、食甚、生光、復圓也。置月食分秒，減去十分，餘與十分相減相乘，爲開方積。平方開之，爲開方數。又以四千九百二十分乘之，如定限行度而一爲既內分。與定用分相減，餘爲既外分。置食甚定分，減既內分爲食既分，又減既外分爲初虧分。再置食甚定分，加既內分爲生光分，又加既外分爲復圓分。各依發斂得時刻。

推更點　置晨分倍之，五分之爲更法，又五分之爲點法。

推月食入更點　各置三限或五限，在昏分已上減去昏分，在晨分已下加入晨分，不滿更法爲初更，不滿點法爲一點，以次求之，各得更點之數。

推月食起復方位　陽曆初虧東北，甚於正北，復於西北。陰曆初虧東南，甚於正南，復於西南。若食在八分已上者，皆初虧正東，復於正西。

推食甚月離黃道宿次　置食甚入盈縮曆定度，在盈加半周天，在縮減去七十五秒爲定積度。置定積度，加歲前冬至加時黃道日度，以黃道積度鈐去之，卽得。

推月帶食　視初虧、食甚、復圓等分，在日入分以下，爲昏刻帶食。在日出分已上，爲晨刻帶食。推法同日食。

步五星

曆度三百六十五度二五七五，半之爲曆中，又半之爲曆策。

木星

合應二百四十三萬二三〇一。置中積三億七千六百一十九萬九七七五，加辛巳合應一百一十七萬九七二六，得三億七千七百三十七萬九五〇一，滿木星周率去之，餘爲大統合應。

曆應五百三十八萬二五七二二一五。置中積，加辛巳曆應一千八百九十九萬九四八一，得三億九千五百一十九萬九二五六，滿木星曆率去之，餘爲大統曆應。

周率三百九十八萬八八。

曆率四千三百三十一萬二九六四八六五。

度率一十一萬八五八二。

伏見一十三度。

段目	段日	平度	限度	初行率
合伏	一十六日八六	三度八六	二度九三	二十三分
晨疾初	二十八日	六度一一	四度六四	二十二分
晨疾末	二十八日	五度五一	四度一九	二十一分
晨遲初	二十八日	四度三一	三度二八	一十八分
晨遲末	二十八日	一度九一	一度四五	一十二分
晨留	二十四日			
晨退	四十六日五八	四度八八一二五	〇度三二八七五	
夕退	四十六日五八	四度八八一二五	〇度三二八七五	一十六分
夕留	二十四日			

夕遲初	二十八日	一度九一	一度四五	
夕遲末	二十八日	四度三一	三度二八	一十二分
夕疾初	二十八日	五度五一	四度一九	一十八分
夕疾末	二十八日	六度一一	四度六四	二十一分
夕伏	一十六日八六	三度八六	二度九三	二十二分

火星

合應二百四十〇萬一四。置中積，加辛巳合應五十六萬七五四五，得三億七千六百七十六萬七三二，滿火星周率去之，爲大統合應。中積見木星，五星並同。

曆應三百八十四萬五七八九三五。置中積，加辛巳曆應五百四十七萬二九三八，得三億八千一百六十七萬二七一三，滿火星曆率去之。

周率七百七十九萬九二九。

曆率六百八十六萬九五八〇四三。

度率一萬八八〇七五。

伏見一十九度。

段目	段日	平度	限度	初行率

合伏	六十九日	五十度	四十六度五〇	七十三分
晨疾初	五十九日	四十一度八〇	三十八度八七	七十二分
晨疾末	五十七日	三十九度〇八	三十六度三四	七十分
晨次疾初	五十三日	三十四度一六	三十一度七七	六十七分
晨次疾末	四十七日	二十七度〇四	二十五度一五	六十二分
晨遲初	三十九日	一十七度七二	一十六度四八	五十三分
晨遲末	二十九日	六度二〇	五度七七	三十八分
晨留	八日			
晨退	二十八日九六四五	八度六五六七五	六度四六三二五	
夕退	二十八日九六四五	八度六五六七五	六度四六三二五	四十四分
夕留	八日			
夕遲初	二十九日	六度二〇	五度七七	
夕遲末	三十九日	一十七度七二	一十六度四八	三十八分
夕次疾初	四十七日	二十七度〇四	二十五度一五	五十三分
夕次疾末	五十三日	三十四度一六	三十一度七七	六十二分

夕疾初	五十七日	三十九度〇八	三十六度三四	六十七分
夕疾末	五十九日	四十一度八〇	三十八度八七	七十分
夕伏	六十九日	五十度	四十六度五〇	七十二分

土星

合應二百〇六萬四七三四。置中積，加辛巳合應一十七萬五六四三，得三億七千六百三十七萬五四一八，滿土星周率去之。

曆應一億〇六百〇〇萬三七九九〇二。置中積，加辛巳曆應五千二百二十四萬〇五六一，得四億二千八百四十四萬〇三三六，滿土星曆率去之。

周率三百七十八萬〇九一六。

曆率一億〇七百四十七萬八八四五六六。

度率二十九萬四二五五。

伏見一十八度。

段目	段日	平度	限度	初行率
合伏	二十日四〇	二度四〇	一度四九	一十二分
晨疾	三十一日	三度四〇	二度一一	一十一分

晨次疾	二十九日	二度七五	一度七一	一十分
晨遲	二十六日	一度五〇	〇度八三	八分
晨留	三十日			
晨退	五十二日六四五八	三度六二五四五	〇度二八四五五	
夕退	五十二日六四五八	三度六二五四五	〇度二八四五五	一十分
夕留	三十日			
夕遲	二十六日	一度五〇	〇度八三	
夕次疾	二十九日	二度七五	一度七一	八分
夕疾	三十一日	三度四〇	二度一一	一十分
夕伏	二十日四〇	二度四〇	一度四九	一十一分

金星

合應二百三十七萬九四一五。置中積，加辛巳合應五百七十一萬六三三〇，得三億八千一百九十一萬六一〇五，滿金星周率去之。

曆應一十〇萬四一八九。置中積，加辛巳曆應一十一萬九六三九，得三億七千六百三十一萬九四一四，滿金星曆率去之。

周率五百八十三萬九〇二六。

曆率三百六十五萬二五七五。

度率一萬。

伏見一十度半

段目	段日	平度	限度	初行率
合伏	三十九日	四十九度五〇	四十七度六四	一度二七五
夕疾初	五十二日	六十五度五〇	六十三度〇四	一度二六五
夕疾末	四十九日	六十一度	五十八度七一	一度二五五
夕次疾初	四十二日	五十度二五	四十八度三六	一度二三五
夕次疾末	三十九日	四十二度五〇	四十度九〇	一度一六
夕遲初	三十三日	二十七度	二十五度九九	一度〇二
夕遲末	一十六日	四度二五	四度〇九	六十二分
夕留	五日			
夕退	一十日九五三一	三度六九八七	一度五九一三	
夕退伏	六日	四度三五	一度六三	六十一分

合退伏	六日	四度三五	一度六三	八十二分
晨退	一十日九五三一	三度六九八七	一度五九一三	六十一分
晨留	五日			
晨遲初	一十六日	四度二五	四度〇九	
晨遲末	三十三日	二十七度	二十五度九九	六十二分
晨次疾初	三十九日	四十二度五〇	四十度九〇	一度〇二
晨次疾末	四十二日	五十度二五	四十八度三六	一度一六
晨疾初	四十九日	六十一度	五十八度七一	一度二三五
晨疾末	五十二日	六十五度五〇	六十三度〇四	一度二五五
晨伏	三十九日	四十九度五〇	四十七度六四	一度二六五

水星

合應三十〇萬三二一二。置中積，加辛巳合應七十〇萬〇四三七，得三億七千六百九十〇萬〇二一二，滿水星周率去之。

曆應二百〇三萬九七一一。置中積，加辛巳曆應二百〇五萬五一六一，得三億七千八百二十五萬四九三六，滿水星曆率去之。

周率一百一十五萬八七六。

曆率三百六十五萬二五七五。

度率一萬。

晨伏夕見一十六度半。

夕伏晨見一十九度。

段目	段日	平度	限度	初行率
合伏	一十七日七五	三十四度二五	二十九度〇八	二度一五五八
夕疾	一十五日	二十一度三八	一十八度一六	一度七〇三四
夕遲	一十二日	一十度一二	八度五九	一度一四七二
夕留	二日			
夕退伏	一十一日一八八	七度八一二	二度一〇八	
合退伏	一十一日一八八	七度八一二	二度一〇八	一度〇三四六
晨留	二日			
晨遲	一十二日	一十度一二	八度五九	
晨疾	一十五日	二十一度三八	一十八度一六	一度一四七二

晨伏　一十七日七五　三十四度二五　二十九度〇八　一度七〇三四

推五星前後合　置中積，加合應，滿周率去之，餘爲前合。再置周率，以前合減之，餘爲後合。如滿歲周去之，卽其年無後合分。

推五星中積日中星度　置各星後合，卽爲合伏下中積中星。命爲日，曰中積。命爲度，曰中星。累加段日，爲各段中積。皆滿歲周去之。以各段下平度，累加各段下平度，滿歲周去。退則減之，不及減，加歲周減之。次復累加之，爲各段中星。

推五星盈縮曆　置中積，加曆應及後合，滿曆率去之，餘以度率而一爲度。在曆中已下爲盈，已上減去曆中爲縮。置各星合伏下盈縮曆，以段下限度累加之，滿曆中去之，盈交縮，縮交盈，卽各段盈縮曆。

推五星盈縮差　置各段盈縮曆，以曆策除之爲策數，不盡，爲策餘。以其下損益分見立成乘之，以曆策而一，所得益加損減其盈縮積分，卽盈縮差。金星倍之，水星三之。

推定積日　置各段中積，以其段盈縮差盈加縮減之，卽得。滿歲周去之，如中積不及減者，加歲周減之。本段原無差者，借前段差加減之，則金水二星，亦只用所得盈縮差，不用三之倍之。

推加時定日　置定積日，以歲前天正冬至分加之，滿紀法去之，餘命甲子算外，卽爲定日。視定積日曾滿歲周去者，用本年冬至，曾加歲周減者，用歲前冬至。

推所入月日　置合伏下定積，以加天正閏餘滿朔策除之，爲月數。起歲前十一月，其不滿朔策者，卽入月已來日分也。視其月定朔甲子，與加時定日甲子相去，卽合伏日，累加相距日，滿各月大小去之，卽各段所入月日。

推定星　置各段中星，依推定積日法，以盈縮差加減之。

推加時定星　置定星，以歲前冬至加時黃道日度加之，滿周天去之。若定積日曾加歲周者，用歲前黃道日度。遇減歲周者，用本年黃道日度。如原無中星度，段下亦無定星及加時定星度分。

推加減定分　置定日小餘，以其段初行率乘之，滿萬爲分，所得諸段爲減分，退段爲加分。

推夜半定星及宿次　置加時定星，以加減定分加減之，爲夜半定星。以黃道積度鈐減之，爲夜半宿次。其留段卽用加時定星，爲夜半定星。

推日率度率　置各段定日，與次段定日相減爲日率。次段不及減，加紀法減之。置各段夜半定星，與次段夜半定星相減爲度率。次段不及減，加周天減之。凡近留之段，皆用留段加時定星與本段夜半定星相減。如星度逆者，以後段減前段，卽各得度率。

推平行分　置度率，以日率除之，即得。

推汎差及增減總差日差　以本段前後之平行分相減，爲本段汎差。凡五星之伏段及近留之遲段及退段，皆無汎差。倍汎差，退一位爲增減差。倍增減差爲總差。置總差，以日率減一日除之爲日差。

推初日行分末日行分　以增減差加減其段平行分，爲初末日行分。初日行分多，爲減差。末日行分多，爲加差。視本段平行分與次段平行分相較，前多後少者，加爲初，減爲末。前少後多者，減爲初，加爲末。

推無汎差諸段爲增減差總差日差　合伏者，置次段初日行分，加其日差之半，亦次段日差。爲末日行分。晨伏、夕伏者，置前段本段之前末日行分，加其日差之半，亦前段日差。爲一伏初日行分。置伏段所得初末日行分，皆與本段平行分相減，餘爲增減差。又以增減差加減平行分，爲初末日行分。視合伏末日行分較平行分，少則加，多則減，爲初日行分。晨伏、夕伏初日行分較平行分，亦少加多減，爲末日行分。木、火之晨遲末，土之晨遲，金之夕遲末，水之夕遲，皆置其前段末日行分，倍其日差減之，即前段日差。餘爲初日行分。木、火之夕遲初，土之夕遲，金之晨遲初，水之晨遲，皆置其後段初日行分，倍其日差減之，後段日差。餘爲末日行分。木、火、土之夕伏，金、水之晨伏，皆置其前段末日行分，內加其前段日差之半，爲伏段初日行分，皆與平行分相減，餘爲增減差。木、火之晨退、夕退，置其平行分，退一位，六因之，爲增減差。晨退減爲初，加爲末。夕退加爲初，減爲末。晨加夕減，二段自相比較。金之夕退伏合退伏，置其平行分，退一位，三因之折半。水之夕退伏合退伏，以平行分折半，各爲增減差。金之夕退，置其後段初日行分，減日差，後段日差。爲末日行分。金之晨退，置其前段末日行分，減日差，前段日差。爲初日行分。皆與平行分相減，餘爲增減差。凡增減差，倍之爲總差，以相距日率減一除之，爲日差。其初末日行分有其一者，以增減差加減，更求其一，如伏段法，餘依前後平行分相較增減之。金、火之夕遲末，晨遲初，置其段平行分，〔一〕以相距日率下不倫分乘之，不倫分之秒，與平行之分對。即爲增減差。置平行分，夕者以增減差，加爲初日行分，減爲末日行分。晨者反是。

不倫分　金、火星之夕遲末，與晨遲初，其增減差，多於平行分者，爲不倫分也。

十七日　八十八秒八八五　十六日　八十八秒二三一

十五日　八十七秒四九六　十四日　八十六秒七六一

推五星每日細行　置各段夜半宿次，以初日行分順加退減之，爲次日宿次。又以日差加減其初日行分，爲每日行分，亦順加退減於次日宿次，滿黃道宿次去之，至次段宿次而止，爲每日夜半宿次。

推五星順逆交宮時刻　視逐日五星細行，與黃道十二宮界宿次同名，其度分又相近者以相減。視其餘分，在本日行分以下者，爲交宮在本日也。順行者，以本日夜半星行宿次度分減宮界度分。退行者，以宮界度分減本日夜半星行宿次度分。各以日周乘之爲實，以本日行分爲法，法除實，得數，依發斂加時法，得交宮時刻。

推五星伏見　凡取伏見，伏者要在已下，見者要在已上。晨見晨伏者，置其日太陽行度，內減各星行度。夕見夕伏者，置其日各星行度，內減太陽行度。卽爲其日晨昏伏見度。置本日伏見度，與次日伏見度相減，餘四而一，卽得晨昏伏見分。視本日伏見度較次日伏見度爲多者減，少者加。晨者，置本日伏見度，以伏見分加減之，爲晨伏見度。夕者，三因伏見分，置伏見度加減之，爲夕伏見度。視在各星伏見度上下取之。

步四餘

紫氣周日一萬〇二百二十七日一七九二。

紫氣度率二十八日，　日行三分五七一四二九。

紫氣至後策八千一百九十四萬九六二三。

月孛周日三千二百三十一日九六八四。

月孛度率八日八四八四九二，　日行十一分三〇一三六一。

月孛至後策一千二百二十萬四六五九。

羅計周日六千七百九十三日四四三二。

羅計度率一十八日五九九一〇七七六，　日行五分三七六六〇二。

羅喉至後策五千三百三十三萬六二一七。

計都至後策一千九百三十六萬九〇〇一。

推四餘至後策　置中積，加各餘至後策，滿周日去之，卽得。

推四餘周後策　以至後策，減立成內各宿初末度積日，卽得。

推四餘入各宿次初末度積日　置各餘周後策，加入其年冬至分，滿紀法去之，卽各餘初末度積日。紫氣、月孛爲各宿初，羅喉、計都爲各宿末。氣孛順行，羅計逆行。

推四餘初末度積日所入月日　置各餘周後策，加入天正閏餘滿朔策減之，起十一月至不滿朔策，卽所入月也。其初末度積日，卽滿紀法去者。命甲子算外，爲日辰小餘，以發斂求之爲時刻。視定朔某甲子，卽知入月已來日也。

推四餘每日行度　置各餘初末度積日，氣孛以度率日累加之，至末度加其宿零日及分，卽次宿之初度。羅計先加其宿零日及分，後以度率日累加之，卽次宿之末度。各以其大餘，命甲子算外爲日辰。其交次宿，以小餘發斂爲時刻。

推四餘交宮　以至後策減各宿交宮積日，餘爲入某宮積日。加天正閏餘，滿朔策去之，起十一月至不滿朔策，卽所入月。又置入宮積日，加冬至分，滿紀法去之，爲日辰，小餘發斂爲時刻。視定朔甲子，卽知交宮及時刻。

紫氣宿次日分立成　入箕初度。

黃道宿整度	日分	宿零分日分	全日分	各宿入初度積日分
箕　九度	二百五十二日	五十九分	十六日五十二分	二百六十八日五十二分	空分
斗二十三度	六百四十四日	四十七分	十三日一十六分	六百五十七日一十六分	九百二十五日六八
牛　六度	一百六十八日	九十〇分	二十五日二十分	一百九十三日二十〇分	一千一百一十八日八八
女十一度	三百〇八日	一十二分	三日三十六分	三百一十一日三十六分	一千四百三十日二四
虛　九度	二百五十二日	六十四秒	初日一十七分九二	二百五十二日一十七分九二	一千六百八十二日四一九二
危十五度	四百二十日	九十五分	二十六日六十分	四百四十六日六十〇分	二千一百二十九日〇一九二
室十八度	五百〇四日	三十二分	八日九十六分	五百一十二日九十六分	二千六百四十一日九七九二
壁　九度	二百五十二日	三十四分	九日五十二分	二百六十一日五十二分	二千九百〇三日四九九二
奎十七度	四百七十六日	八十七分	二十四日三十六分	五百〇十〇日三十六分	三千四百〇三日八五九二

婁十二度	三百三十六日	三十六分	一十日〇八分	三百四十六日〇八分	三千七百四十九日九三九二
胃十五度	四百二十日	八十一分	二十二日六十八分	四百四十二日六十八分	四千一百九十二日六一九二
昴十一度	三百〇八日	八分	二日二十四分	三百一十〇日二十四分	四千五百〇二日八五九二
畢十六度	四百四十八日	五十〇分	一十四日	四百六十二日	四千九百六十四日八五九二
觜初度		五分	一日四十分	一日四十〇分	四千九百六十六日二五九二
參十度	二百八十日	二十八分	七日八十四分	二百八十七日八十四分	五千二百五十四日〇九九二
井三十一度	八百六十八日	三分	初日八十四分	八百六十八日八十四分	六千一百二十二日九三九二
鬼二度	五十六日	一十一分	三日〇八分	五十九日〇八分	六千一百八十二日〇一九二
柳十三度	三百六十四日			三百六十四日	六千五百四十六日〇一九二
星六度	一百六十八日	三十一分	八日六十八分	一百七十六日六十八分	六千七百二十二日六九九二
張十七度	四百七十六日	七十九分	二十二日一十二分	四百九十八日一十二分	七千二百二十日八一九二
翼二十度	五百六十日	九分	二日五十二分	五百六十二日五十二分	七千七百八十三日三三九二
軫十八度	五百〇四日	七十五分	二十一日	五百二十五日	八千三百〇八日三三九二
角十二度	三百三十六日	八十七分	二十四日三十六分	三百六十〇日三十六分	八千六百六十八日六九九二

亢九度	二百五十二日	五十六分	十五日六十八分	二百六十七日六十八分	八千九百三十六日三七九二
氐十六度	四百四十八日	四十〇分	十一日二十分	四百五十九日二十〇分	九千三百九十五日五七九二
房五度	一百四十日	四十八分	十三日四十八分	一百五十三日四十四分	九千五百四十九日〇一九二
心六度	一百六十八日	二十七分	七日五十六分	一百七十五日五十六分	九千七百二十四日五七九二
尾十七度	四百七十六日	九十五分	二十六日六十〇分	五百〇二日六十〇分	一萬〇二百二十七日一七九二

紫氣交宮積日鈐

斗〇千三百七十四日一五〇一	三度入丑	女一千一百七十六日六八三二	二度入子
危二千〇三十六日五〇七二	十二度入亥	奎二千九百五十二日〇四五六	一度入戌
胃三千八百五十四日八一八八	三度入酉	畢四千六百九十五日四〇四〇	六度入申
井五千四百八十七日七三九六	八度入未	柳六千二百九十〇日二七二八	三度入午
張七千一百五十日〇九六八	十五度入巳	軫八千〇六十五日六三五二	十度入辰
氐八千九百六十八日四〇八〇	一度入卯	尾九千八百〇八日九九六三	三度入寅
斗一萬〇六百〇一日三二九二	三度入丑		

至後策少者用前斗下積日，多者用後斗下積日。

月孛宿次日分立成 入箕初度。

黃道宿整度	日分	宿零分日分		全日分	各宿入初度積日分
箕 九度	七十九日六三六四	五十九分	五日二二〇六	八十四日八五七〇	空
斗二十三度	二百〇三日五一五四	四十七分	四日一五八八	二百〇七日六七四二	二百九十二日五三一二
牛 六度	五十三日〇九一〇	九十〇分	七日九六三六	六十一日〇五四六	三百五十三日五八五八
女 十一度	九十七日三三三四	二十二分	一日〇六一八	九十八日三九五二	四百五十一日九八一〇
虛 九度	七十九日六三六四	六十四分	初日〇五六七	七十九日六九三一	五百三十一日六七四一
危十五度	一百三十二日七二七四	九十五分	八日四〇六〇	一百四十一日一三三四	六百七十二日八〇七五
室十八度	一百五十九日二七二九	三十二分	二日八三一五	一百六十二日一〇四四	八百三十四日九一一九
壁 九度	七十九日六三六四	三十四分	三日〇〇八五	八十二日六四四九	九百一十七日五五六八
奎十七度	一百五十日四二四四	八十七分	七日六九八一	一百五十八日一二二五	一千〇七十五日六七九三
婁十二度	一百〇六日一八一九	三十六分	三日一八五五	一百〇九日三六七四	一千一百八十五日〇四六七
胃十五度	一百三十二日七二七四	八十一分	七日一六七三	一百三十九日八九四七	一千三百二十四日九四一四
昴十一度	九十七日三三三四	八分	初日七〇七九	九十八日〇四一三	一千四百二十二日九八二七

畢十六度	一百四十一日五七五九	五十〇分	四日四二四二	一百四十六日〇〇〇一	一千五百六十八日九八二八
觜初度		五分	初日四四二四	初日四四二四	一千五百六十九日四二五二
參十度	八十八日四八四九	二十八分	二日四七七六	九十〇日九六二五	一千六百六十〇日三八七七
井三十一度	二百七十四日三〇三三	三分	初日二六五四	二百七十四日五六八七	一千九百三十四日九五六四
鬼二度	一十七日六九六〇	一十一分	初日九七三三	一十八日六七〇三	一千九百五十三日六二六七
柳十三度	一百一十五日〇三〇四			一百一十五日〇三〇四	二千〇百六十八日六五七一
星六度	五十三日〇九一〇	三十一分	二日七四三〇	五十五日八三四〇	二千一百二十四日四九一一
張十七度	一百五十〇日四二四四	七十九分	六日九九〇三	一百五十七日四一四七	二千二百八十一日九〇五八
翼二十度	一百七十六日九六九八	九分	初日七九六四	一百七十七日七六六二	二千四百五十九日六七二〇
軫十八度	一百五十九日二七二九	七十五分	六日六三六三	一百六十五日九〇九二	二千六百二十五日五八一二
角十二度	一百〇六日一八一九	八十七分	七日六九八二	一百一十三日八八〇一	二千七百三十九日四六一三
亢九度	七十九日六三六四	五十六分	四日九五五二	八十四日九五一六	二千八百二十四日〇五二九
氐十六度	一百四十一日五七五九	四十〇分	三日五三九四	一百四十五日一一五三	二千九百六十九日一六八二
房五度	四十四日二四二五	四十八分	四日二四七二	四十八日四八九七	三千〇百一十七日六五七九

心六度	五十三日〇九一〇	二十七分	二日三八九一	五十五日四八〇一	三千〇百七十三日一三八〇
尾十七度	一百五十〇日四二四四	九十五分	八日四〇六〇	一百五十八日八三〇四	三千二百三十一日九六八四

月孛交宮積日鈐

斗一百一十八日二三八〇	三度入丑	女三百七十一日八五二六	二度入子
危六百四十三日五七二一	十二度入亥	奎九百三十二日八九八三	一度入戌
胃一千二百一十〇日一九〇五	三度入酉	畢一千四百八十三日八三〇二	六度入申
井一千七百三十四日二二二二	八度入未	柳一千九百八十七日八三六八	三度入午
張二千二百五十九日五五六三	十五度入巳	軫二千五百四十八日八八二五	十度入辰
氐二千八百三十四日一七四七	一度入卯	尾三千〇九十九日八一四四	三度入寅
斗三千三百五十〇日二〇六四	三度入丑		

至後策少者用前斗下積日，多者用後斗下積日。

羅計宿次日分立成 入尾末度。

黃道宿整度	日分	宿零分日分	全日分	各宿入初度積日分

尾十七度	三百一十六日一八四八	九十五分	十七日六六九一	三百三十三日八五三九	空
心六度	一百一十一日五九四七	二十七分	五日〇二一七	一百一十六日六一六四	四百五十〇日四七〇三
房五度	九十二日九九五五	四十八分	八日九二七六	一百〇一日九二三一	五百五十二日三九三五
氐十六度	二百九十七日五八五七	四十分	七日四三九五	三百〇五日〇二五三	八百五十七日四一八八
亢九度	一百六十七日三九二〇	五十六分	十日四一五五	一百七十七日八〇七五	一千〇百三十五日二二六三
角十二度	二百二十三日一八九三	八十七分	十六日一八一二	二百三十九日三七〇五	一千二百七十四日五九六八
軫十八度	三百三十四日七八四〇	七十五分	十三日九四九三	三百四十八日七三三三	一千六百二十三日三三〇一
翼二十度	三百七十一日九八二二	九分	一日六七三九	三百七十三日六五六一	一千九百九十六日九八六二
張十七度	三百一十六日一八四九	七十九分	十四日六九三二	三百三十〇日八七八一	二千三百二十七日八六四三
星六度	一百一十一日五九四七	三十一分	五日七六五七	一百一十七日三六〇四	二千四百四十五日二二四七
柳十三度	二百四十一日七八八四			二百四十一日七八八四	二千六百八十七日〇一三一
鬼二度	三十七日一九八二	一十一分	二日〇四五九	三十九日二四四一	二千七百二十六日二五七二
井三十一度	五百七十六日五七二四	三分	初日五五八〇	五百七十七日一三〇四	二千三百〇三日三八七六
參一十度	一百八十五日九九一一	二十八分	五日二〇七七	一百九十一日一九八八	三千四百九十四日五八六四

觜初度		五分	初日九十三分	九十三分	三千四百九十五日五一六四
畢十六度	二百九十七日五八五七	五十〇分	九日二九九五	三百〇六日八八五二	三千八百〇二日四〇一六
昴十一度	二百〇四日五九〇二	八分	一日四八七九	二百〇六日〇七八一	四千〇百〇八日四七九七
胃十五度	二百七十八日九八六七	八十一分	十五日〇六五二	二百九十四日〇五一九	四千三百〇二日五三一六
婁十二度	二百二十三日一八九三	三十六分	六日六九五七	二百二十九日八八五〇	四千五百三十二日四一六六
奎十七度	三百一十六日一八四九	八十七分	十六日一八一一	三百三十二日三六六〇	四千八百六十四日七八二六
壁九度	一百六十七日三九二〇	三十四分	六日三二三七	一百七十三日七一五七	五千〇百三十八日四九八三
室十八度	三百三十四日七八四〇	三十二分	五日九五一六	三百四十〇日七三五六	五千三百七十九日二三三九
危十五度	二百七十八日九八六七	九十五分	十七日六六九一	二百九十六日六五五八	五千六百七十五日八八九七
虛九度	一百六十七日三九二〇	六十四秒	初日一一九〇	一百六十七日五一一〇	五千八百四十三日四〇〇七
女十一度	二百〇四日五九〇二	一十二分	二日二三一九	二百〇六日八二二一	六千〇百五十〇日二二二八
牛六度	一百一十一日五九四七	九十〇分	十六日七三九二	一百二十八日三三三九	六千一百七十八日五五六七
斗二十三度	四百二十七日七七九五	四十七分	八日七四一五	四百三十六日五二一〇	六千六百一十五日〇七七七
箕九度	一百六十七日三九二〇	五十九分	十日九七三五	一百七十八日三六五五	六千七百九十三日四四三二

羅計交宮積日鈐

氐〇千二百七十七日七八一四	一度退入卯	軫〇千八百三十六日一四三三	十度退入辰
張一千四百三十五日八一三九	十五度退入巳	柳二千〇百四十三日九六三八	三度退入午
井二千六百一十五日一〇五二	八度退入未	畢三千一百四十八日一九一〇	六度退入申
胃三千六百七十四日五〇三〇	三度退入酉	奎四千二百三十二日八六四九	一度退入戌
危四千八百三十二日五三五五	十二度退入亥	女五千四百四十〇日六八五四	二度退入子
斗六千〇百一十一日八二六八	三度退入丑	尾六千五百四十四日九一二六	三度退入寅
氐七千〇百七十一日二二四六	一度退入卯		

至後策少者用前氐下積日，多者用後氐下積日。

校勘記

〔一〕置其段平行分　平行分，原作「平分行」，據本卷上下文及明史稿志一四曆志改。

明史卷三十七

志第十三

曆七

回回曆法一

回回曆法，西域默狄納國王馬哈麻所作。其地北極高二十四度半，經度偏西一百〇七度，約在雲南之西八千餘里。其曆元用隋開皇己未，即其建國之年也。洪武初，得其書於元都。十五年秋，太祖謂西域推測天象最精，其五星緯度又中國所無。命翰林李翀、吳伯宗同回回大師馬沙亦黑等譯其書。其法不用閏月，以三百六十五日爲一歲。歲十二宮，宮有閏日，凡百二十八年而宮閏三十一日。以三百五十四日爲一周，周十二月，月有閏日。凡三十年月閏十一日，歷千九百四十一年，宮月日辰再會。此其立法之大概也。

按西域曆術見於史者，在唐有九執曆，元有札馬魯丁之萬年曆。九執曆最疏，萬年曆行之未久。唯回回曆設科，隸欽天監，與大統參用二百七十餘年。雖於交食之有無深淺，時有出入，然勝於九執、萬年遠矣。但其書多脫誤。蓋其人之隸籍臺官者，類以土盤布算，仍用其本國之書。而明之習其術者，如唐順之、陳壤、袁黃輩之所論著，又自成一家言。以故翻譯之本不行於世，其殘缺宜也。今爲博訪專門之裔，考究其原書，以補其脫落，正其訛舛，爲回回曆法，著於篇。

積年 起西域阿喇必年，隋開皇己未。下至洪武甲子，七百八十六年。

用數 天周度三百六十。每度六十分，每分六十秒，微纖以下俱準此。宮十二。每宮三十度。日周分一千四百四十，時二十四，每時六十分。刻九十六。每刻十五分。宮度起白羊，節氣首春分，命時起午正。午初四刻屬前日。

七曜數 日一，月二，火三，水四，木五，金六，土七。以七曜紀日不用甲子。

宮數 白羊初，金牛一，陰陽二，巨蟹三，獅子四，雙女五，天秤六，天蝎七，人馬八，磨羯九，寶瓶十，雙魚十一。

宮日 白羊戌宮三十一日。金牛酉宮三十一日。陰陽申宮三十一日。巨蟹未宮三十二日。獅子午宮三十一日。雙女巳宮三十一日。天秤辰宮三十日。天蝎卯宮三十日。人馬寅宮二十九日。磨羯丑宮二十九日。寶瓶子宮三十日。雙魚亥宮三十日。已上十二宮，所謂不動之月，凡三百六十五日，乃歲周之日也。若遇宮分有閏之年，於雙魚宮加一日，凡三百六十六日。

月分大小　單月大，雙月小。凡十二月，所謂動之月也。月大三十日，月小二十九日，凡三百五十四日，乃十二月之日也。遇月分有閏之年，於第十二月內增一日，凡三百五十五日。

太陽五星最高行度隋己未測定。太陽二宮二十九度二十一分。土星八宮十四度四十八分。木星六宮初度八分。火星四宮十五度四分。金星二宮十七度六分。水星七宮六度十七分。

求宮分閏日烝之餘日。置西域歲前積年，減一，以一百五十九乘之，一百二十八年內，閏三十一日，故以總數乘。內加一十五，閏應。以一百二十八屢減之，餘不滿之數，若在九十七已上，閏限。其年宮分有閏日，已下無閏日。於除得之數內加五，宮分立成起火三，故須加五。滿七去之，餘卽所求年白羊宮一日七曜。有閏加一日，後同。

求月分閏日朔之餘日。置西域歲前積年，減一，以一百三十一乘之，總數乘。內加一百九十四，閏應。以三十爲法屢減之，餘在十九已上，閏限。其年月分有閏日，已下則無。於除得之數，滿七去之，餘卽所求年第一月一日七曜。

加次法　置積日，全積幷宮閏所得數。減月閏，內加三百三十一日，己未春正前日。以三百五十四一年數除之，餘數內減去所加三百三十一，又減二十三，足成一年日數。又減二十四，洪武甲子加次。又減一，改應所損之一日。爲實距年己未至今得數。又法：以氣積宮閏併通閏爲氣積內減月閏，置十一，以距年乘之，外加十四，以三十除之，得月閏數。以三百五十四除之，餘減洪武加次二十四，又減補日二十三，又減改應損日一，得數如前。求通閏，置十一日，以距年乘之。求宮閏前見。

太陽行度

求最高總度　置西域歲前積年，入總年零年月分日期立成內，各取前年前月前日最高行度併之。如求十年，則取九年之類。蓋立成中行度，俱本年本月日足數也。如十年竟求十年，則逾數矣。月日義同。後倣此。

求最高行度　置求到最高總度，加測定太陽最高行度，二宮二十九度二十一分。卽所求年白羊宮最高行度。如求次宮，累加五秒〇六微。求次月，加四秒五十六微。

求中心行度日平行度。　置積年入總年零年月日立成內，各取日中心行度併之，取法同前。內減一分四秒，卽所求白羊宮第一日中心行度。求各宮月日，按每日行度五十九分八秒累加之。內減一分四秒，或云西域距中國里差，非是，蓋係己未年之宮分末日度應也。

求自行度　置其日中心行度，減其宮最高行度，卽得。卽入盈縮曆度也。

求加減差即盈縮差。　以自行宮度爲引數，入太陽加減立成內，照引數宮度取加減差。是名未定差。　其度下小餘，用比例法，以本度加減差，與後度加減差相減，餘數通爲秒，如一分通爲六十秒。　與引數小餘亦通秒相乘，得數爲纖，秒乘秒，得纖。　以六十收之，爲微、爲秒、爲分。　如數多，先以六十收之爲微，又以六十收之爲秒，又以六十收之爲分。　視前所得未定加減差數較，少於後數者後度加減差加之，多於後數者減之，是爲加減定差分。　如無小餘，竟用未定差爲定差。　後準此。

求經度黃道度。　置其日中心行度，以加減定差分加減之，視定差引數自行宮度，在初宮至五宮爲減差，六宮至十一宮爲加差。　卽得。

求七曜　置積年入立成內，取總年零年月日下七曜數併之，累去七數，餘卽所求白羊宮一日七曜。　如求次宮者，內加各宮七曜數。　如求逐日，累加一數，滿七去之。　求太陰、五星、羅計七曜並準此。

太陰行度

求中心行度　置積年入立成內，取總零年月日下中心行度併之，得數，內減一十四分，已未應轉。　卽所求年白羊宮一日中心行度。　如求逐日，累加日行度。　十三度一〇三五。

求加倍相離度月體在小輪行度，合朔後，與日相離。　置積年入立成內，取總年零年月日下加倍相離度併之，內減二十六分，卽所求白羊宮一日度也。如求逐日，累加倍離日行度。二十四度二二五三二二，半之，卽小輪心離太陽數。

求本輪行度卽月轉度。　置積年入立成內，取總零年月日下本輪行度併之，內減一十四分，卽所求白羊宮一日度也。如求各日，累加本輪日行度。十三度三分五四。

求第一加減差又名倍離差。　以加倍相離宮度爲引數，入太陰第一加減立成內，取加減差。未定差。又與下差相減，餘乘引數小餘，得數爲秒，分乘分。以六十收之爲分，用加減未定差，後差多加少減，同太陽。得第一差分。

求本輪行定度　置其日本輪行度，以第一差分加減之。視倍離度，前六宮加，後六宮減。

求第二加減差　以本輪行定度爲引數，入太陰第二加減立成內，取未定差，依比例法，同前。求得零數加減之爲第二加減差分。視引數，六宮已前爲減差，後爲加差。

求比敷分　以倍離宮度，入第一加減立成內，取比敷分。如倍離零分在三十分已上者，取下度比敷分。

求遠近度　以本輪行定宮度爲引數，入太陰第二加減立成內，取遠近度分。其引數零分，亦依比例法取之。

求汎差定差　置比敷分，以遠近度通分乘之，以六十約之爲分，卽汎差。以汎差加入第二加減差，卽爲定差。

求經度　置其日太陰中心行度，以定差加減之，卽太陰經度。視本輪行定度，六宮以前減，以後加。

太陰緯度

求計都與月相離度入交定度。　置其日太陰經度，內減其日計都行度，卽羅計中心度。卽計都與月相離度分。

求緯　以計都與月相離宮度爲引數，入太陰緯度立成，上宮用右行順度，下宮用左行逆度。取其度分，依比例法求得零分加減之，上六宮加，下六宮減。得緯度分。引數在六宮已前爲黃道北，六宮後爲黃道南。

求計羅行度　置積年入總年零年月日立成內，取羅計中心行度併之，爲其年白羊宮一日行度。求各宮一日，以各宮日行度加之，與十二宮相減，餘卽所求宮一日計都行度。如求計都逐日細行，以前後二段行度相減，餘以相距日數除之，爲日差。又置前段計都行度，以日差累減之。如求羅睺行度，置其日計都行度內加六宮。

五星經度

求最高總度　數同太陽，依前太陽術求之。

求最高行度　置所求本星最高總度，加測定本星最高行度，見前。爲其年白羊宮最高行度。求各宮各日，加各宮日行度。

求日中心行度　依太陽術求之。

求自行度　置積年入立成總零年月日下，各取自行度倂之，得其年白羊宮一日自行度。土、木、金三星減一分，水星減三分，火星不減。如求各宮各日，照本星自行度累加之。水星如自行度遇三宮初度，作五日一段算，至九宮初度，作十日一段算。緯度亦然。

求中心行度小輪心度即入曆度五星本輪。　土、木、火三星，置太陽中心行度，減其星自行度，爲三星中心行度。內又減最高行度，爲三星小輪心度。金、水二星，其中心行度卽太陽中心行度，內減其星最高行度，餘爲其星小輪心度。不及減，加十二宮減之。

求第一加減差盈縮差。　以其星小輪心宮度爲引數，入本星第一加減立成，依比例法求之。法同太陽、太陰。

求自行定度及小輪心定度　視第一加減差引數，在初宮至五宮，用加減差，加自行度，減小輪心度，各爲定度。在六宮至十一宮，用加減差，減自行度，加小輪心度，各爲定度。

求第二加減差　以其星自行定度，入本星第二加減立成內，取其度分，用比例法加減之。同前。

求比敷分　如土、木、金、水星，以本星小輪心定宮度，入第一加減立成內，取比敷分，如引數小餘在三十分已上，取後行比敷分。如火星，則必用比例法求之。

求遠近度　以自行定宮度，入第二加減立成內，取遠近度，依比例法求之。

求汎差定差　法同太陰。

求經度　置小輪心定度，以定差加減之，視引數自行定度，在六宮已前加，已後減。內加其星最高行度。

求留段　以其留段小輪心，定宮度爲引數，卽立成內各星入曆定限。入五星順退留立成內，於同宮近度，取本星度分，與前後行相減。若取得在初宮至六宮，本行與後行相減。六宮至初宮，本行與前行相減。又以引數宮度，減立成內同宮近度，兩減，餘通分相乘，用六度除之，立成內每隔六度。六十分收之，順加逆減於前取度分，得數與其日自行定度同者，卽本日留。如自行定度多者已過留日，少者未到留日。欲得細率，以所得數與其日自行定度相減，餘以各星一日自行度約之，如土星一日自行五十七分有奇之類。卽得留日在本日前後數也。土星留七日，其留日前三日，後三日，皆與留日數同。木星留五日，其留日前二日，後二日，與留日數同。火、金、水三星不留，退而卽行，行而卽退，但於行分極少處爲留耳。

求細行分　土、木、金、火四星，以前後兩段經度相減，以相距日除之爲日行分。水星以白羊宮初日經度，又與前一日經度相減，餘爲初日行分。又置前後二段經度相減，餘以相距日除之，爲平行分。與初日行分加減，倍之，以前段前一日與後段相距日數除之，爲日差。以加減初日行分，初日行分少於平行分加，多減。爲日行分。五星各置前段經度，以逐日行分順加退減之，爲各星逐日經度。

求伏見　視各星自行定度，在伏見立成內限度已上者，卽五星晨夕伏見也。

五星緯度求最高總行度、中心行度、自行度、小輪心度，並依五星經度術求之。

求自行定度　置自行宮度分，其宮以一十乘之爲度。如一宮，以十乘之得十度，此用約法折算，以造緯度立成。其度以二十乘之爲分，滿六十約之爲度。其分亦以二十乘之爲秒，滿六十約之爲分。併之卽得。

求小輪心定度　置小輪心宮度分，其宮以五乘之爲度。如一宮以五乘之，得五度。其度以一十乘之爲分，滿六十約之爲度。其分亦以一十乘之爲秒，滿六十約之爲分。併之卽得。

求緯度　以小輪心定度及自行定度，入本星緯度立成內兩取，一縱一橫。得數與後行相減。若遇交黃道者，與後行相併。又以小輪心定度，與立成上小輪心定度相減，上橫行。兩減餘相乘，以立成上小輪心度累加數除之。如土星上橫行小輪心度每隔三度，火星每隔二度之類。滿六十收之爲分，用加減兩取數，多於後行減，少加。若遇交黃道者，卽後行數多亦減。寄左。復以自行定度與立成上自行定度相減，首直行。又以兩取數，與下行相減，若遇交黃道者，與下行併。兩減餘相乘，以立成上自行度累加數除之，如土星直行，自行度每隔十度，火星每隔四度之類。收之爲分。與前寄左數相加減，如兩取數多於下行者減，少加。若遇交黃道者，所得分多於寄左數，置所得分內，減寄左數，餘爲交過黃道南北分也。卽得黃道南北緯定分。

求緯度細行分　置其星前段緯度，與後段緯度相減，餘以相距日除之，爲日差。置前段緯度，以日差順加退減，卽逐日緯度分。按緯度前段少於後段者，以日差順加退減。若前段多於後段者，宜以日差順減退加。非可一例也。若前後段南北不同者，置其星前後段緯度併之，以相距日除之，爲日差。置前段緯度，以日差累減之，至不及減者，於日差內減之，餘以日差累加之，卽得逐日緯度。

推日食法日食諸數，如午前合朔，用前一日數推，午後合朔，用次日數推。

辨日食限　視合朔太陰緯度，在黃道南四十五分已下，黃道北九十分已下，爲有食。若合朔爲晝，則全見食。若合朔在日未出三時及日已入十五分，一時四分之一。皆有帶食。若合朔在夜刻者不算。

求食甚汎時即合朔。　置午正太陰行過太陽度，求法見後月食太陰逐時行過太陽分。通秒，以二十四乘之爲實，置太陰日行度，減太陽日行度，通秒爲法，除之爲時。時下零數以六十通之爲分，分下零數以六十通之爲秒，三十秒已上收爲一分，六十分收爲一時，共爲食甚汎時。

求合朔太陽經度　以食甚汎時通分，以太陽日行度通秒乘之，以二十四除之爲微，滿六十約之爲秒爲分，用加減午正太陽度，午前合朔減之，午後加之。得合朔時太陽經度。即食甚日躔黃道度。

求加減分　視合朔時太陽宮度，入晝夜加減立成內，取加減分，依比例法求之。

求子正至合朔時分秒　置食甚汎時，以加減分加減之，午前合朔減，午後加。即子正至合朔時分秒。用加減十二時，午前合朔用減十二時，午後用加十二時。按命時起子正，乃變其術以合大統，非其本法也。

求第一東西差經差。　視合朔時，太陽宮在立成經緯時加減立成右七宮取上行時，順行。在左七宮取下行時，逆行。以子正至合朔時，取經差，依比例法求之。止用時下小餘求之。下同。爲第一東西差。

求第二東西差　視合朔時，太陽宮在立成內，同上。取次宮子正至合朔時經差，依比例法求之，爲第二東西差。

求第一南北差緯差。以合朔時，太陽宮及子正，至合朔時入立成內，同上。取緯差，依比例法求之，爲第一南北差。

求第二南北差　以合朔太陽宮，取次宮子正至合朔時緯差，依比例法求之，爲第二南北差。

求第一時差　以合朔太陽宮及子正至合朔時，入立成取時差，依比例法求之。

求第二時差　以合朔太陽宮，取次宮子正至合朔時時差，依比例法求之。

求合朔時東西差　以第一東西差與第二東西差相減，餘通秒，以乘合朔時太陽度分，亦通秒。以三十度除之爲纖，以六十收之爲微、爲秒、爲分，以加減第一東西差，視第一東西差數少於第二差者加之，多者減之，下同。爲合朔時東西差。

求合朔時南北差　以第一南北差與第二南北差相減，餘通秒，以乘太陽度分，以三十除之爲纖，依率收之爲微、秒、分，以加減第一南北差，爲合朔時南北差。

求合朔時差　以第一第二兩時差相減，乘太陽度分，以三十除之，依率收之，用加減第一時差，爲合朔時差。

求合朔時本輪行度　以本輪日行度一十三度四分通分，以乘食甚汎時，亦通分。以二十四除之爲秒，依率收之爲分、爲度，以加減午正本輪行度，午前減，午後加。爲合朔時行度。

求比敷分　以本輪行度入立成，太陽、太陰晝夜時行影徑分立成。取同宮近度太陰比敷分，依比例法求之。

求東西定差　置合朔時東西差通秒，以比敷分通秒乘之爲纖，以六十收之爲微、爲秒、爲分，以加合朔東西差，有加，無減。爲定差。

求南北定差　法同東西定差。

求食甚定時卽食甚定分。　視其日合朔時，太陽度在立成經緯時加減立成左七宮，其時差，黑字減，白字加，在右七宮，白字減，黑字加，皆加減於子正至合朔時，得數命起子正減之，得某時初正。餘通爲秒，以一千乘之，以一百四十四除之，六十分爲一時，每日一千四百四十分，故以千乘之，又以一四四除之。以六十約之，滿百爲刻，卽食甚定時。

求食甚太陰經度　於合朔太陽經度內，加減東西定差，卽得食甚太陰經度。其加減視食甚定時時差加減。

求合朔計都度　置食甚汎時通分，以計都日行度三分一十一秒通秒乘之，以二十四除之爲微，滿六十收之爲秒、爲分，以加減其日午時計都行度，羅計逆行，午前合朔加，午後減。爲合朔時計都度。

求合朔太陰緯度　食甚時，太陰經度內加減合朔時計都度，餘爲計都與月相離度，入太陰緯度立成取之。

求食甚太陰緯度　南北定差內，加減合朔時太陰緯度，在黃道南加，北減。得食甚緯度。

求合朔時太陽自行度　用太陽日行度五十九分八秒通秒，以乘食甚汎時，亦通分。用二十四除之，得數爲微，滿六十收之爲秒、爲分，以加減其日午正自行度，午前合朔減，午後加。得合朔自行度。

求太陽徑分　以合朔太陽自行度爲引數，入立成影徑分立成內同宮近度，取太陽徑分，依比例法求之。

求太陰徑分　以合朔時本輪行度爲引數，入立成同上內取同宮近度太陰徑分，依比例法求之。

求二半徑分　併太陽、太陰兩徑分，半之。

求太陽食限分　置二半徑分，內減食甚太陰緯度，餘爲太陽食限。如不及減者不食。如太陰無緯度者，食既。如太陰無緯度而日徑大於月徑者，食有金環。

求太陽食甚定分　以太陽食限分通秒，以一千乘之爲實，以太陽徑分通秒爲法除之，以百約之爲分，爲太陽食甚定分。

求時差即定用分。　食甚太陰緯度通秒自乘，一半徑分亦通秒自乘，兩自乘數相減，餘以平方開之，以二十四乘之爲實，以其日太陰日行度內減太陽日行度通分爲法。實如法而一，得數爲分，滿六十分爲一時，爲時差。

求初虧　置食甚定時，內減時差，餘時命起子正減之，得初正時。餘分通秒，以一千乘之，以一百四十四除之，以六十約之，滿百爲刻，爲初虧時刻。

求復圓　置食甚定時，內加時差，命起子正，如初虧法，得復圓時刻。

求初虧食甚復圓方位　與大統法同。

推月食法月食諸數，午前望，用前一日推，午後望，用次一日推。

辨月食限　視望日太陰經度與羅睺或計都度相離一十三度之內，太陰緯度在一度八分之下，爲有食。又視合望在太陰未出二時，未入二時，其限有帶食。其在二時已上者不算。

求食甚汎時即經望。　置其日太陰經度內減六宮，如不及減，加十二宮減　以減其日午正太陽度爲午前望。如太陽度不及減，加入六宮減之，爲午後望。　置相減餘數通秒，以二十四乘之爲實，置其日太陰經度，內減前一日太陰經度，若在午後望者，減後一日太陰經度。餘爲太陰日行度。又置其日午正太陽度，內減前一日午正太陽度，若在午後望者，減後一日太陽度。餘爲太陽日行度。兩日行度相減，餘通秒爲法，除實得數爲時。其時下餘數，以六十通之爲分、秒，卽所求食甚汎時。

求食甚月離黃道宮度　置食甚汎時，與太陽日行度俱通秒相乘，以二十四除之，得數爲纖，滿六十收之爲微、爲秒、爲分，以加減其日午正太陽度，午前望減，午後望加。爲望時太陽度，加六宮，卽得所求。

求晝夜加減差　以望時太陽宮度爲引數，入晝夜加減立成內，取加減分，依比例法求之。

求食甚定時　置食甚汎時，以晝夜加減差加減之。午前望減，午後加。得數，用加減一十二時，如午後望加十二時，午前望與十二時相減。命起子正，得初正時。其小餘，如法收爲刻，法詳日食。得定時。

求望時計都度　置食甚汎時，通秒爲實，以計都日行度三分一十一秒通秒乘之，以二十四除之，得數爲纖，以六十收之爲微、爲秒、爲分，用加減其日午正計都行度，羅計逆行，午前望加，午後望減。卽得。

求望時太陰緯度　置食甚月離黃道度，內減望時計都度，如不及減，加十二宮減。餘爲計都與月相離度，入太陰緯度立成取之。

求望時本輪行度即入遲疾曆。　置太陰本輪日行度，十三度四分。通分，以食甚汎時通秒乘之，以二十四除之爲微，以六十收之爲秒、爲分、爲度，用加減其日午正本輪行度，午前望減，午後加。即得。

求太陰徑分　以望時本輪行宮度，入影徑分立成求之。法詳日食。

求太陰影徑分　以望時本輪行宮度，入影徑分立成，取之。

求望時太陽自行度　以太陽日行度五十九分八秒與食甚汎時俱通秒相乘，以二十四除之，得數爲纖，滿六十收之爲微、爲秒、爲分，以加減其日午正太陽自行度。法同日食求太陽經度。

求影徑減差　以其日太陽自行宮度爲引數，入影徑立成內，於同宮近度取太陰影徑差分，依此例法求之。法詳前。

求影徑定分　置太陰影徑分，內減影徑減差分。

求二半徑分　置太陰徑分，加影徑定分，半之。

求太陰食限　置二半徑分，內減望時太陰緯度。如不及減，不食。

求食甚定分　置食限分，通秒，以一千乘之爲實，以太陰徑分通秒爲法，除之，以百約之爲分，爲食甚定分。

求太陰逐時行過太陽分　置太陰望時經度，減前一日太陰經度，又置望時太陽自行度，減前一日太陽自行度，以兩餘數相減，爲太陰晝夜行過太陽度。通秒以二十四除之，滿六十收之，得逐時行過太陽分。

求時差　以太陰緯度分，通秒自乘，又以二半徑分通秒自乘，兩數相減，餘開平方爲實，以太陰行過太陽度通秒爲法除之，得數卽時差。卽初虧至食甚定用分。

求初虧復圓時刻　以時差減食甚定時，得初虧時刻。加食甚定時，得復圓時刻。其命時收刻之法，並同日食。

求食既至食甚時差　置二半徑分，減太陰徑分，通秒自乘，又置太陰緯度亦通秒自乘，相減，平方開之爲實。以太陰逐時行過太陽度通秒爲法除之，得數卽時差。

求食既生光時刻　以食既至食甚時差，減食甚定時，爲食既時刻。加食甚定時，爲生光時刻。

求初虧食甚復圓方位　與大統法同。

求日出入時　以午正太陽經度爲引數，入西域晝夜時立成，取其度分，依比例法求之，爲未定分。又於引數相對宮度內，取其度分，如初宮三度，向六宮三度取之。亦依比例法求之，爲後未定分。兩未定分相減，不及減，加三百六十度減。餘通秒，用十五除之，六十收之爲分、爲時，得其日晝時分秒。半之爲其日半晝時分秒。以半晝時分秒減十二時，餘爲日出時分秒，加十二時爲日入時分秒。

求日月出入帶食分秒　視其日日出時分秒，并日入時分秒，較多於初虧時分秒，少於食甚定時及復圓時分秒者，卽有帶食。置其日日出時或日入時，與食甚定時分秒相減，餘爲帶食差。置日月食甚定分，以帶食差通秒乘之，以時差通秒除之，得數爲帶食分。於食甚定分內減帶食分，餘爲日月帶食所見之分。

求月食更點　置二十四時，內減晝時，又減晨昏時，七十二分，卽中曆之五刻弱也。餘爲夜時，通秒五約之爲更法。五分更法爲點法。如食在子正以前者，置初虧食甚復圓等時，內減日入時，又減半晨昏時，三十六分。餘通秒，以更法減之爲更數。不滿更法者，以點法減之爲點數。食在子正已後者，置夜時半之，加初虧食甚復圓等時，以更法減之爲更數。不滿更法者，以點法減之爲點數。皆命起初更、初點。更法減之，減一次爲一更，其減餘不滿法者，亦虛命爲一更。點法倣此。

太陰五星淩犯

求太陰晝夜行度　以本日經度與次日經度相減，餘卽本日晝夜行度。

求太陰晨昏刻度　置其日午正太陰經度，內加立成太陰出入晨昏加減立成其日昏刻加差，卽爲其日太陰昏刻經度。置其次日午正太陰經度，減立成其日晨刻減差，卽爲其日太陰晨刻經度。

求月出入度　置其日午正太陰經度，加立成內卽前立成其日月入加差，卽爲其日月入時太陰經度。加立成內其日月出加差，卽其日月出時太陰經度。

求太陰所犯星座　朔後視昏刻度至月入度，望後視月出度至晨刻度，入黃道南北各像星立成內，經緯度相近在一度已下者，取之。

求時刻　置其日午正太陰經度，與取到各像星經度相減，通分，以二十四乘之，以太陰晝夜行度亦通分除之，得初正時。其小餘，以六十通之爲分，以一千乘之，一百四十四除之，以百約之爲刻，卽得所求時刻。

求上下相離分　置太陰緯度與所犯星緯度相減，餘爲上下相離分。若月星同在南，月多爲下離，月少爲上離。同在北，月多爲上離，少爲下離。若南北不同，月在北爲上離，南爲下離。

求五星凌犯各星相離分　置其日五星經緯度，入黃道立成內，視各像內外星經緯度，在一度已下者取之。其五星緯度與各星緯度相減，餘卽上下相離分。

求月犯五星，五星相犯　視太陰經緯度，五星經緯度相近在一度已下者，取之。

明史卷三十八

志第十四

曆八

回回曆法二

日五星中心行度立成造法原本總年零年月分日期，及十二宮初日，凡五立成。每立成內，首列本立成年月日宮各紀數，次列七曜，次列日中心行度，及土、木、火、金、水各自行度日五星最高行度，文多不錄。錄其造立成之法於左。

日中心行度日期立成　一日行五十九分八秒，按日累加之，小月二十九日，得二十八度三十五分二秒，大月三十日，得二十九度三十四分一十秒。

月分立成。單月大，雙月小，末置一閏日。大月，二十九度三十四分十秒。小月二十八度三十五分二秒。按月累加之，十二月計十一宮十八度五十五分九秒，閏日加五十九分八秒。

宮分初日立成。於白羊宮初日起算，至金牛宮初日，凡三十一日，得一宮一度三十三分十八秒。五十九分八秒之積。視宮分日數多少，日數見前。累加積之，至雙魚宮初日，得十一宮一度十一分三十一秒。自白羊至此凡三百三十五日之積。

零年立成。每年十一宮十八度五十五分九秒，三十年閏十一日，故二年、五年、七年、十年、十三年、十六年、十八年、二十一年、二十四年、二十六年、二十九年，皆加閏日。約法，每一年減十一度四分五十一秒，閏年減十度五分四十三秒，三十年爲一宮八度二十五分三十一秒。每年三百五十四日，計一萬六百二十日，加閏十一日，共一萬六百三十一日。

總年立成。第一年爲三宮二十六度五分八秒，此隋己未測定根數，一云即洪武甲子年數，已算加次在內。六百年五宮十四度二十五分十九秒。每三十年加一宮八度二十五分三十一秒，至一千四百四十年，得五宮十五分三十三秒。

五星自行度立成造法

土星日期立成　一日五十七分，按日遞加。小月二十七度三十七分，大月二十八度三十四分。其五日、十二日、二十日、二十八日增一分者，乃秒數所積也。

月分立成。大月加二十八度三十四分，小月加二十七度三十七分。按月累加，十二月計十一宮七度四分，閏日加五十七分。

宮分初日立成。金牛宮初日爲二十九度三十一分，自行分三十一日之積。餘四星準此。視宮分日數累加之，至雙魚宮初日爲十宮十八度五十八分。

零年立成。每年十一宮七度四分，其閏日有無，視日中行度，零年有加本星一日行分，下四星準此。至三十年，共一宮十二度一十六分。

總年立成。第一年十一宮二十九度十八分，此隋己未測定根數，一云即洪武甲子年數，加次在內。下四星準此。六百年四宮四度四十四分。每三十年加一宮十二度二十七分，至一千四百四十年，計七宮十八度二十分。

木星日期立成　一日五十四分，按日遞加。小月二十六度十分，大月二十七度五分。其四日、十一日、十七日、二十四日、三十日增一分者，秒數所積也。

月分立成。按大、小月累加，十二月計十宮十九度二十九分，閏日加五十四分。

宮分初日立成。金牛宮初日二十七度五十九分，至雙魚宮初日爲十宮二十九度二十六分。

零年立成。每年十宮十九度二十九分，至三十年，計七宮二十四度三十九分。

總年立成。第一年四宮二十五度十九分，六百年五宮八度二十七分。每三十年加七宮二四三九，至千四百四十年，計八宮八度五十分。

火星日期立成　一日二十八分，按日遞加。小月十三度二十三分，大月十三度五十一分。共二日、五日、九日、十二日、十五日、十八日、二十二日、二十五日、二十八日各減一分。

月分立成。按大小月累加，十二月計五宮十三度二十四分，閏日加二十八分。

宮分初日立成。金牛宮初日十四度十九分，至雙魚宮初日五宮十八度二十九分。

零年立成。每年五宮十三度二十四分，至三十年，計七宮十七度一分。

總年立成。第一年八宮二十四度六分，六百年四宮四度三十三分。每三十年加七宮十七度一分，至一千四百四十年，計一度一十一分。

金星日期立成　一日三十七分，按日遞加。小月十七度五十三分，大月十八度三十分。

月分立成。按大小月累加，十二月計七宮八度十五分，閏日加三十七分。

宮分初日立成。金牛宮初日十九度七分，至雙魚宮初日七宮十五度二分。

零年立成。每年七宮八度十五分，至三十年，計二宮十四度十五分。

總年立成。第一年一宮十五度二十九分，六百年三宮〇三十四分。每三十年加二宮十四度十五分，至一千四百四十年，計九度五十一分。

水星日期立成　一日三度六分，按日遞加。小月三宮初度六分，大月三宮三度十二分。其二日、四日、七日、九日、十二日、十四日、十七日、十九日、二十二日、二十四日、二十七日、二十九日各增一分。

月分立成。按大小月累加，十二月計初宮十九度四十七分，閏月加三度六分。

宮分初日立成。金牛宮初日三宮六度十九分，至雙魚宮初日十宮二十度四十五分。

零年立成。每年初宮十九度四十七分，至三十年，計八宮二十七度四十四分。

總年立成。第一年二宮二十五度三十四分，六百年一宮十度九分。每三十年加八宮二十七度四十四分，至一千四百四十年，計十一宮六度三十五分。

日五星最高行度立成造法日五星同用。

最高行日分立成。一日一十微，按日遞加。其四日、十一日、十八日、二十五日，各減一微，大月四秒五十六微，小月四秒四十六微。

月分立成。按大小月累加，十二月計五十八秒一十微，有閏日加十微。

宮分初日立成。金牛宮初日五秒六微，至雙魚宮初日五十五秒五微。

零年立成。每年五十八秒，去二十微。按年遞加，三年積六十微加一秒，三十年計二十

九分十秒。〔一〕

總年立成。　一年初宮十度四十分二十八秒，洪武甲子加次。　六百年五十八分十三秒。　每三十年加二十九分七秒，一千四百四十年，計十二度三十六分五十五秒。

太陰經度立成造法

日期立成。　中心行度，一日十三度十一分，按日累加。大月一宮五度十七分，小月初宮二十二度七分。　內二日、四日、六日、九日、十一、十四、十六、十八、二十一、二十三、二十六、二十八、三十日，各減一分，共減十三分。　加倍相離度，一日二十四度二十三分，按日遞加。　大月初宮十一度二十七分，小月十一宮十七度四分。　內五日、十四日、二十三日，各減一分。　本輪行度，一日十三度四分，按日遞加。　大月一宮一度五十七分，小月十八度五十三分。其中逢五，皆減一分。　羅計中心行度，一日三分，按日遞加。大月一度三十五分，小月一度三十二分。　內三日、九日、十五、二十、二十六日，各增一分。

月分立成。　中心行度，大月一宮五度十七分，小月二十二度七分，按月加之，十二月計十一宮十四度二十七分。內三月、七月、十一月，各增一分。有閏日，加十三度十一分。　加倍相離度，大月十一度二十七分，小月十一宮十七度四分，十二月計十一宮二十一度三分。

內二、六、十月，各減一分。有閏日，加二十四度二十三分。本輪行度，大月一宮一度五十七分，小月十八度五十三分，十二月計十宮五度〇分。有閏日，加十三度四分。羅計行度，大月一度三十五分，小月一度三十二分，十二月十八度四十五分。內三、七、十一月，各增一分。有閏日，加三分。

零年立成。中心行度，每年十一宮十四度二十七分，三十年一宮八度十五分。三十年閏十一日，與太陽零年同。下準此。倍離度，每年十一宮二十一度三分，三十年十一宮二十九度四十分。閏日，加二十四度二十三分。本輪行度，每年十宮五度，三十年九宮二十三度四十七分。閏日，加十三度四分。羅計行度，每年十八度四十五分，三十年六宮二十二度五十八分。閏日，加三分。

總年立成。中心行度，第一年四宮二十八度四十九分，六百年六宮八度四十二分。每三十年加一宮八度十五分，一千四百四十年，五宮二十九度四十七分。倍離度，第一年，一宮二十五度二十八分，六百年一宮十八度三十三分。每三十年加十一宮二十九度四十分，一千四百四十年，一宮九度二十一分。本輪行度，第一年，四宮十二度二分，六百年八宮八度八分。每三十年加九宮二十三度四十七分，一千四百四十年，六宮十四度九分。羅計行度，第一年七宮二十三度六分，六百年十一宮二度三十四分。每三十年加六宮二十二度五十八分，一千四百四十年，八宮十五度五十分。

總零年宮月日七曜立成造法

總年立成，第一年起金六，六百年起日一，每三十年加五數。零年立成，起水四。宮分立成，金牛宮起火三。月分立成，起月二。日期立成，起日一。求法：有閏日，滿歲用歲七曜。不滿歲，用月七曜。併之，得逐月末日七曜。

太陽加減立成自行宮度爲引數。原本宮縱列首行，度橫列上行，每三宮順布三十度，內列加減差，又列加減分。其加減分，乃本度加減差與次度加減差之較也。今去之，止列加減差數，將引數宮列上橫行，度列首直行，用順逆查之，得數無異，而簡捷過之。月、五星加減立成，準此。

引數	初宮	
	加減差	
順	分	秒
○	○○	○○
一	二	二○
二	四	四○
三	六	六○
四	八○	八○
五	○一	○一
六	二	二一
七	四	三一
八	六	五一
九	八一	六一
○一	○二	七一
一	二	七一
二	四	六一
三	六	六一
四	八二	五一
五	○三	五一
六	二	三一
七	四	○一
八	六	七○
九	八	三○
○二	九三	九五
一	一四	四五
二	三	八四
三	五	二四
四	七	五三
五	九四	七二
六	一五	八一
七	三	八○
八	四	八五
九	六	七四
○三	八	五三
	十一宮	

一宮 加減 度	一宮 加減 分	一宮 加減差 秒	二宮 加減 度	二宮 加減 分	二宮 加減差 秒	三 加 度	三 減 分
	八五	五三	一	二四	五四	二	○○
一	○○	二二		三	九四		
	二	八○		四	二五		
	三	三五		五	三五		
	五	七三		六	二五		
	七	○二		七	九四		
	九○	一○		八	四四		
	○一	一四		九四	七三		
	二	○二		○五	八二	二	○○
	三	八五		一	七一	一	九五
	五	五三		二	四○		九五
	七	○一		二	○五		九
	八一	四四		三	四三		八
	○二	七一		四	六一		八
	一	九四		四	六五		八
	三	九一		五	四三		七
	四	七四		六	九○		七
	六	四一		六	二四		六
	七	○四		七	三一		六
	九二	四○		七	二四		五
	○三	七二		八	九○		四
	一	八四		八	四三		四
	三	八○		八	七五		三
	四	六二		九	八一		二
	五	二四		九	七三		一
	六	七五	一	九五	四五		一
	八三	○一	二	○○	八○		○五
	九三	一二			○二		九四
	○四	一三			○三		八四
	一四	九三			八三		七四
一	二四	五四		○○	三四	一	六四
十宮			九宮			宮	

引數	宮		五	宮		四	宮
	差	減	加	差	減	加	差
逆	秒	分	度	秒	分	度	秒
〇三	六一	二〇	一	五二	六四	一	三四
九	四二	〇〇	一	三二	五		六四
八	一三	八五	〇	九一	四		七四
七	六三	六		三一	三		六四
六	〇四	四		五〇	二		三四
五	三四	二		五五	〇四		八三
四	五四	〇五		三四	九三		〇三
三	六四	八四		九二	八		〇二
二	六四	六		三一	七		八〇
一	五四	四		六五	五		三五
〇二	三四	二		八三	四		六三
九	〇四	〇四		六一	三		七一
八	六三	八三		三五	一		六五
七	二三	六		八二	〇三		三三
六	七二	四		一〇	九二		八〇
五	一二	二		三三	七		一四
四	五一	〇三		三〇	六		一一
三	八〇	八二		一三	四		九三
二	一〇	六		七五	二		五〇
一	三五	三		二二	一二		八二
〇一	四四	一二		五四	九一		九四
九	五三	九一		七〇	八		八〇
八	五二	七		七二	六		五二
七	五一	五		五四	四		〇四
六	五〇	三		二〇	三		三五
五	五五	〇一		八一	一一		四〇
四	四四	八〇		三三	九〇		三一
三	三三	六		六四	七		九一
二	二二	四		七五	五		三二
一	一一	二		七〇	四		五二
〇	〇〇	〇〇		六一	二〇	一	五二
	六		宮	七		宮	八

太陰經度第一加減比敷立成以加倍相離宮度爲引數。

宮　一			宮　初			引數
敷比	差減加		敷比	差減加		
分	分	度	分	分	度	順
三	五一	四		〇〇	〇	〇
四	四二			九〇		一
四	二三			七一		二
四	〇四			六二		三
四	九四			四三		四
五	七五	四		三四		五
五	五〇	五		一五	〇	六
五	四一			〇〇	一	七
五	二二			八〇		八
六	〇三			七一		九
六	九三			五二		〇一
六	七四			四三		一
七	五五	五	一	三四		二
七	三〇	六	一	一五	一	三
七	一一		一	〇〇	二	四
八	九一		一	八〇		五
八	八二		一	七一		六
八	六三		一	五二		七
八	四四		一	四三		八
九	二五		一	二四		九
九	〇〇	六	二	一五		〇二
九〇	八〇	七	二	九五	二	一
〇一	六一		二	八〇	三	二
〇一	四二		二	七一		三
一一	一三		二	五二		四
一一	九三		二	三三		五
一一	七四		三	一四		六
二一	五五	七	三	〇五		七
二一	三〇	八	三	八五	三	八
三一	〇一		三	六〇	四	九
三一	八一		三	五一	四	〇三
十　宮			十　一　宮			

二宮 加減差 度	二宮 加減差 分	二宮 比敷 分	三宮 加減差 度	三宮 加減差 分	三宮 比敷 分	四宮 加減差 度	四宮 加減差 分
八○	八一	三一	一一	○三	七二	二一	五二
	五二	三		四三	七		二三
	三三	四		八三	八		九一
	○四	四		二四	八		五一
	七四	五		六四	九		二一
八	五五	五		○五	九二		八○
九	二○	六		四五	○三		五○
	九○	六	一	八五	一	二	一○
	六一	六	二	二○	一	一	七五
	三二	七		六○	二		三五
	○三	七		○一	二		八四
	七三	八		三一	三		三四
	四四	八		六一	四		七三
	○五	九		八一	五		○三
九○	七五	九一		○二	五		三二
○一	四○	○二		二二	六		六一
	○一	○		四二	六		九○
	七一	一		六二	七	一	一○
	三二	一		八二	七	○	三五
	○三	二		九二	七		五四
	六三	二		○三	八		七三
	二四	三		一三	八		七二
	七四	三		一三	九		七一
	二五	四		一三	九	○一	七○
○	八五	四		一三	○三	九○	六五
一	三○	四		一三	○四		五四
	九○	五		○三	一		四三
	四一	五		○三	一		二二
	九一	六		九二	二	九	○一
	五二	六		七二	二	八	七五
一一	○三	七二	二一	五二	二	八○	四四
九宮			八宮			宮	

宮	五宮			引數
比敷	加減差		比敷	
分	度	分	分	逆
三四	八〇	四四	五五	〇三
三		一三	五	九
四		七一	五	八
四	八	三〇	六	七
五	七	九四	六	六
五		四三	六	五
六		九一	七	四
六	七	四〇	七	三
七	六	八四	七	二
七		二三	八	一
七	六	五一	八	〇二
八	五	八五	八	九
八		一四	八	八
八		四二	八	七
九	五	六〇	九	六
九	四	八四	九	五
九四		〇三	九	四
〇五	四	二一	九	三
〇	三	四五	九	二
一		五三	九	一
一	三	六一	九	〇一
二	二	七五	九五	九
二		七三	〇〇	八
二	二	七一	〇	七
三	一	八五	〇	六
三		八三	〇	五
三	一	八一	〇	四
四	〇	九五	〇	三
四		九三	〇	二
四		〇二	〇	一
五五	〇〇	〇〇	〇	〇
七	六宮			

太陰第二加減遠近立成以本輪行定宮度爲引數。

引數	初
	加
順	度
〇	
一	
二	
三	
四	
五	
六	
七	
八	
九	
〇一	
一	
二	
三	一
四	
五	
六	
七	
八	
九	
〇二	
一	
二	
三	
四	
五	
六	一
七	二
八	
九	
〇三	二
	宮

二	宮			一	宮		
加	近	遠	差減加		近	遠	差減
度	分	度	分	度	分	度	分
四	三〇		五一	二	〇〇		〇〇
	五〇		九一		二		五〇
	六〇		三二		四		九〇
	八〇		七二		六		四一
	〇一		一三		八〇		九一
	二一		五三		〇一		四二
	四一		九三		三一		九二
	六一		三四		五一		三三
	八一		七四		七一		八三
	〇二		一五		九一		二四
	二二		五五		一二		七四
	三二		九五	二	三二		二五
	五二		二〇	三	六二		七五
	七二		六〇		八二		一〇
	九二		九〇		〇三		五〇
	一三		三一		二三		〇一
	三三		六一		四三		四一
	五三		〇二		六三		九一
	六三		三二		八三		三二
	八三		七二		一四		八二
	〇四		〇三		三四		二三
	一四		四三		五四		六三
	三四		七三		七四		〇四
	五四		〇四		九四		四四
	七四		三四		一五		九四
	八四		六四		三五		四五
	〇五		九四		五五		八五
	一五		二五		七五		二〇
	三五		五五		九五	〇	六〇
	四五		八五	三	一〇	一	〇一
四	六五	一	一〇	四	三〇	一	五一
宮	十			宮	十	一	

四	宮		三		宮		
加	近	遠	差減加		近	遠	差減
度	分	度	分	度	分	度	分
四	七二	二	九四	四	六五	一	一〇
	七二		〇五		八五	一	三〇
	八二		〇五		九五	一	六〇
	八二		〇五		〇〇	二	八〇
	八二		〇五		二〇		〇一
	九二		〇五		三〇		三一
	九二		九四		四〇		五一
	九二		九四		六〇		七一
四	九二		九四		七〇		九一
三	〇三		八四		八〇		一二
	〇三		八四		九〇		三二
	〇三		七四		〇一		五二
	〇三		七四		二一		七二
	〇三		六四		三一		九二
	〇三		五四		四一		一三
	〇三		四四		五一		三三
	九二		三四		六一		五三
	九二		二四		七一		六三
	九二		一四		八一		八三
	九二		〇四		九一		九三
	八二		九三		〇二		〇四
	八二		七三		一二		一四
三	八二		六三		二二		二四
二	七二		四三		三二		三四
	七二		三三		四二		四四
	六二		一三		四二		五四
	六二		九二		五二		六四
	五二		七二		五二		七四
	四二		五二		六二		八四
	三二		二二		六二		九四
二	二二	二	〇二		七二	二	九四
宮	八		宮		九		

引數	宮		五		宮		
	近遠		差減加		近遠		差減
逆	分	度	分	度	分	度	分
○三	○三	一	五三	二	二二	二	○二
九	七二		一三		一二		八一
八	四二		六二		○二		六一
七	一二		二二		八一		三一
六	九一		七一		七一		一一
五	六一		二一		六一		八○
四	三一		七○		四一		五○
三	○一		二○	二	三一		三○
二	八○		七五		二一		○○
一	五○		二五		○一		七五
○二	二○	一	七四		九○		四五
九	九五	○	二四		八○		○五
八	六五		七三		六○		七四
七	三五		二三		五○		三四
六	一五		七二		三○		○四
五	七四		一二		一○	二	七三
四	四四		五一		九五	一	四三
三	一四		○一		七五		○三
二	八三		五○		六五		六二
一	五三		○○	一	四五		二二
○一	二三		五五	○	二五		八一
九	九二		九四		○五		四一
八	六二		三四		八四		○一
七	二二		八三		六四		六○
六	九一		三三		三四		二○
五	六一		七二		一四		八五
四	三一		二二		九三		四五
三	○一		七一		七三		九四
二	六○		一一		五三		四四
一	三○		五○		三三		○四
○	○○	○	○○	○	○三	一	五三
	六		宮		七		

土星第一加減比敷立成小輪心宮度爲引數。

一宮			初宮			引數
比敷	加減差		比敷	加減差		
分	分	度	分	分	度	順
四○	○○	三	○	○○	○	○
四	六○			六○		一
四	一一			二一		二
四	六一			九一		三
五	一二			五二		四
五	六二			一三		五
五	二三			七三		六
五	七三			三四		七
六	二四			○五		八
六	七四			六五		九
六	二五		一	二○	一	○一
六	七五	三		九○		一
七	二○	四		五一		二
七	七○			一二		三
七	一一			七二		四
七	六一			三三		五
八	一二			九三		六
八	五二			五四		七
八	○三		一	一五		八
九	五三		二	七五	一	九
九○	九三			三○	二	○二
九一	三四			九○		一
○	七四			五一		二
○	一五			一二		三
○	四五			七二		四
一	八五	四	二	三三		五
一	二○	五	三	九三		六
二	六○			四四		七
二	○一			○五		八
二	三一			五五	二	九
三一	七一	五	三	○○	三	○三
十宮			十一宮			

二宮			三宮			四	
加減差		比敷	加減差		比敷	加減差	
度	分	分	度	分	分	度	分
五	一七	一三	六	一七	二七	五	三六
	二〇	三		一八	二八		三三
	二三	三		一九	二九		三〇
	二六	四		一九	三〇		二七
	二九	四		一九	一		二四
	二三	五		一九	一		二〇
	三六	五		一八	二		一六
	三九	五		一八	二		一二
	四二	六		一七	二		〇八
	四五	六		一六	三		〇四
	四七	七		一五	三	五	〇〇
	五〇	七		一四	四	四	五六
	五二	八		一二	四		五一
	五四	八		一一	五		四七
	五六	九		一〇	五		四二
五	五八	一九		〇八	六		三八
六	〇〇	二〇		〇七	六		三三
	〇二	〇		〇五	七		二八
	〇四	一		〇四	七		二三
	〇六	一		〇三	八		一八
	〇八	二	六	〇一	八		一三
	〇九	二	五	五九	八		〇八
	一〇	三		五七	九	四	〇二
	一一	三		五五	三九	三	五六
	一二	四		五二	四〇		五一
	一三	五		五〇	〇		四五
	一四	五		四八	一		四〇
	一五	六		四五	一		三四
	一六	六		四二	二		二九
	一六	七		三九	二		二三
六	一七	二七	五	三六	四二	三	一七
宮		九	宮		八	宮	

引數	宮五			宮
數	比敷	加減差		比敷
逆	分	分	度	分
○三	五五	七一	三	二四
九	五	一一		三
八	五	五○	三	三
七	六	九五	二	四
六	六	三五		四
五	六	七四		五
四	七	一四		五
三	七	五三		五
二	七	九二		六
一	七	三二		六
○二	八	七一		七
九	八	○一		七
八	八	三○	二	八
七	八	七五	一	八
六	八	○五		八
五	九	三四		九
四	九	六三		九四
三	九	○三		○五
二	九	三二		○
一	九五	六一		一
○一	○○	九○		一
九		二○	一	一
八		五五	○	二
七		九四		二
六		二四		三
五		五三		三
四		八二		三
三		一二		四
二		四一		四
一		七○		四
○	○○	○○	○	五五
	六宮			七

土星第二加減遠近立成自行定宮度爲引數。

引數	初
數	加
順	度
○	○
一	
二	
三	
四	
五	
六	
七	
八	
九	
○一	○
一	一
二	
三	
四	
五	
六	
七	
八	
九	
○二	
一	
二	一
三	二
四	
五	
六	
七	
八	
九	
○三	二
	宮

宮		一宮			二宮		
減差	遠近	加減差		遠近	加減差		遠近
分	分	度	分	分	度	分	分
○○	○	二	三七	一七	四	三八	三一
○五	一		四二	八		四二	二
一一	一		四六	九		四六	二
一六	二		五○	一九		五○	三
二一	三	二	五五	二○		五四	三
二七	三	三	○○	○	四	五八	三
三二	四		○四	一	五	○一	四
三八	五		○九	二		○五	四
四三	五		一四	三		○八	五
四八	六		一八	三		一一	五
五四	六		二三	四		一四	六
○○	七		二七	四		一六	六
○五	七		三一	五		一七	六
一○	八		三五	五		一八	七
一六	八		三九	六		二○	七
二一	○九		四三	六		二一	七
二六	○九		四八	六		二三	七
三一	一○		五二	六		二四	七
三七	一○	三	五六	七		二六	七
四二	一	四	○○	七		二七	八
四七	一		○四	七		二九	八
五二	二		○八	七		三○	八
五七	三		一一	八		三一	八
○二	三		一五	八		三二	八
○七	四		一八	九		三三	九
一二	四		二一	二九		三四	九
一七	五		二五	三○		三五	三九
二二	六		二八	○		三六	四○
二七	六		三二	○		三七	○
三二	七		三五	一		三八	○
三七	七	四	三八	三一	五	三九	四一
十一		十宮			九宮		

五宮		四宮			三宮		
加減差		遠近	加減差		遠近	加減差	
分	度	分	分	度	分	分	度
六〇	三	九三	七〇	五	一四	九三	五
〇〇	三	九	四〇		一	九	
四五	二	九	一〇	五	一	九三	
八四		八	八五	四	一	〇四	
二四		八	五五		一	〇	
六三		八	二五		一	〇	
一三		七	九四		一	〇	
六二		七	六四		一	〇	
〇二		七	三四		一	〇	
四一		六	〇四		一	〇	
八〇		六	七三		一	〇四	
二〇	二	六	三三		二	九三	
六五	一	五	九二		二	九	
九四		五	五二		二	八	
三四		四	一二		二	八	
七三		四	六一		二	八	
一三		三	二一		二	七	
四二		三	八〇		二	七	
八一		二	四〇		二	七	
二一		一	〇〇	四	二	六	
五〇	一	〇	六五	三	一	五	
九五	〇	〇三	一五		一	三	
二五		九二	六四		一	〇三	
六四		九	一四		〇	七二	
九三		八	六三		〇	四二	
三三		七	一三		〇	一二	
六二		七	八二		〇四	八一	
〇二		六	一二		九三	五一	
四一		五	六一		九	二一	
七〇		四	一一		九	〇一	
〇〇	〇	四二	六〇	三	九三	七〇	五
宮		七宮			八宮		

引數	宮
	遠近
逆	分
○三	四二
九	三
八	三
七	二
六	二
五	一
四	一
三	一二
二	九一
一	八
○二	七
九	六
八	五
七	五
六	四
五	三
四	二
三	二
二	一
一	○一
○一	九○
九	八
八	七
七	六
六	五
五	四
四	三
三	二
二	一
一	○
○	○○
	六

木星第一加減比敷立成小輪心宮度爲引數。

引數	初宮			一
	加減差		比敷	加
順	度	分	分	度
○	○	○○		二
一		五○		
二		○一		
三		五一		
四		○二		
五		五二		
六		○三		
七		六三		二
八		一四		三
九		六四		
○一		一五		
一	○	六五	○	
二	一	一○	一	
三		六○	一	
四		一一	一	
五		六一	一	
六		○二	一	
七		五二	一	
八		○三	二	
九		五三	二	
○二		○四	二	
一		五四	二	
二		○五	二	
三		四五	二	三
四	一	九五	三	四
五	二	四○	三	
六		八○	三	
七		三一	三	
八		八一	四	
九		二二	四	
○三	二	七二	四	四
	十一宮			宮

宮 三			宮 二			宮	
敷比	差減加		敷比	差減加		敷比	差減
分	分	度	分	分	度	分	分
九二	五○	五	五一	九一	四	四	七二
○三	五		五	一二		四	一三
○	五		五	三二		四	六三
一	四		六	六二		五	○四
一	四		六	八二		五	四四
二	四		七	○三		五	八四
二	四		七	三三		五	三五
三	四		八	五三		六	七五
三	三		八	八三		六	一○
四	三		九	○四		六	五○
五	三		九一	二四		七	○一
五	二		○二	四四		七	四一
六	一		○	六四		七	七一
六	○○	五	一	七四		八	一二
七	九五	四	一	九四		八	五二
七	八		二	○五		八	九二
八	六		二	二五		九	三二
八	五		三	三五		九	六三
九	四		三	五五		○一	○四
九三	二		四	七五		○	三四
○四	一五		四	八五		一	七四
○	九四		五	九五	四	一	○五
一	七四		五	○○	五	二	三五
一	五四		六	○○		二	六五
二	三四		六	一○		二	○○
二	一四		七	二○		三	三○
三	九三		七	二○		三	六○
三	七三		八	三○		三	九○
四	五三		八	四○		四	三一
四	三三		九	四○		四	六一
五四	○三	四	九二	五○	五	五一	九一
八 宮			九 宮			十	

木星第二加減遠近立成自行定宮度爲引數。

引數	宮 五			宮 四		
	敷比	差 減 加		敷比	差 減 加	
逆	分	分	度	分	分	度
○三	六五	九三	二	五	○三	四
九	六	四三		五	七二	
八	六	九二		五	四二	
七	七	四二		六	一二	
六	七	九一		六	八一	
五	七	四一		七	六一	
四	七	九○		七	三一	
三	八	四○	二	八	○一	
二	八	九五	一	八	七○	
一	八	四五		八	四○	
○二	八	九四		九	一○	四
九	八	四四		九四	七五	三
八	九	八三		○五	三五	
七	九	三三		○	九四	
六	九	八二		一	六四	
五	九	二二		一	二四	
四	九五	七一		一	八三	
三	○	二一		二	四三	
二		六○		二	一三	
一		一○	一	二	七二	
○一		五五	○	三	三二	
九		九四		三	九一	
八		四四		四	四一	
七		九三		四	○一	
六		三三		四	五○	
五		七二		五	一○	三
四		一二		五	七五	二
三		六一		五	二五	
二		一一		五	八四	
一		六○		六	三四	
○	○	○○	○	六五	九三	二
	六 宮			七 宮		

引數	初宮 加減差		遠近	一宮 加減差		遠近	二宮 加
順	度	分	分	度	分	分	度
〇	〇	〇〇	〇〇	四	七二	一二	八
一		九〇	一		六三	二	
二		八一	一		四四	二	
三		七二	二	四	二五	三	
四		七三	三	五	一〇	四	
五		六四	四		九〇	四	
六	〇	五五	四		七一	六	
七	一	四〇	五		五二	七	
八		三一	六		三三	七	
九		二二	六		一四	八	八
〇一		一三	七		九四	八	九
一		〇四	八	五	七五	九二	
二		九四	九	六	五〇	〇三	
三	一	八五	九〇		三一	〇	
四	二	七〇	〇一		一二	一	
五		六一	一		八二	二	
六		五二	一		五三	二	
七		四三	二		二四	三	
八		三四	三		九四	四	
九	二	二五	三	六	六五	五	
〇二	三	一〇	四	七	三〇	五	
一		〇一	五		〇一	六	
二		九一	六		七一	六	
三		八二	六		四二	七	
四		七三	七		一三	八	九〇
五		六四	八		八三	八	〇一
六	三	五五	八		五四	九	
七	四	三〇	九一		一五	九三	
八		一一	〇二	七	七五	〇四	
九		九一	〇	八	三〇	〇	
〇三	四	七二	一二	八	九〇	一四	〇一
	十一宮			十宮			宮

宮	四		宮	三		宮	
近遠	差減加		近遠	差減加		近遠	差減
分	分	度	分	分	度	分	分
○六	四四	九	六五	三一	○一	一四	九○
九五	○四		六	五一		一	五一
九	六三		六	七一		二	一二
九	一三		七	九一		二	七三
九	六二		七	○二		三	三三
八	一二		七	一二		四	九三
八	六一		七	二二		四	四四
七	一一		八	二二		五	九四
七	五○	九	八	三二		五	四五
七	九五	八	八	三二		六	九五
六	三五		九	三二		七	四○
六	六四		九	三二		七	九○
五	九三		九	三二		八	三一
五	二三		九	二二		八	七一
四	五二		九	二二		九	一二
四	八一		九五	一二		九四	五二
三	一一		○六	○二		○五	九二
二	三○	八		九一		○	三三
二	五五	七		八一		一	八三
一	七四			六一		一	二四
○	九三			四一		二	六四
○五	○三			二一		二	○五
九四	一二			○一		三	三五
八	二一			七○		三	六五
七	三○	七		四○		三	九五
六	四五	六		一○	○一	四	二○
五	五四			八五	九○	四	五○
四	六三			五五		五	七○
三	六二			二五		五	九○
二	六一			八四		五	一一
一四	六○	六	○六	四四	九○	六五	三一
七	宮		八	宮		九	

引數	五宮		
	遠近	加減差	
逆	分	分	度
○三	一四	六○	六
九	○四	六五	五
八	九三	五四	
七	八	四三	
六	七	三二	
五	六	二一	
四	四	一○	五
三	三	○五	四
二	二	九三	
一	○三	七二	
○二	九二	五一	
九	八	三○	四
八	七	一五	三
七	五	九三	
六	四	七二	
五	二	五一	
四	一	三○	三
三	○二	○五	二
二	八一	七三	
一	七	四二	
○一	五	一一	二
九	四	八五	一
八	三	五四	
七	一一	二三	
六	九	九一	
五	八	六○	一
四	六	三五	○
三	五	○四	
二	三	七二	
一	二	四一	
○	○○	○○	○
	六宮		

火星第一加減比數立成小輪心宮度爲引數。

初宮		引數
加減差		
分	度	順
○○		○
一一		一
二二		二
三三		三
四四		四
五五	○	五
五○	一	六
六一		七
七二		八
八三		九
九四	一	○一
○○	二	一
○一		二
一二		三
二三		四
二四		五
三五	二	六
三○	三	七
三一		八
四二		九
五三		○二
六四		一
六五	三	二
六○	四	三
六一		四
六二		五
六三		六
六四		七
六五	四	八
六○	五	九
六一	五	○三
一宮		

二		宮		一		宮	
差減加		分敷比		差減加		分敷比	
分	度	秒	分	分	度	秒	分
四二	九	一四	三	六一	五	〇〇	
〇三		五五	三	六二		二〇	
六三		九〇	四	五三		四〇	
二四		四二	四	五四		六〇	
八四		九三	四	五五	五	八〇	
四五	九〇	七五	四	四〇	六	〇一	
〇〇	〇一	四一	五	三一		二一	
五〇		一三	五	二二		五一	
〇一		九四	五	一三		八一	
五一		八〇	六	〇四		一二	
九一		五二	六	九四		五二	
四二		二四	六	八五	六	〇三	
九二		〇〇	七	七〇	七	五三	
三三		八一	七	六一		一四	
七三		七三	七	四二		四四	
一四		七五	七	二三		八四	
五四		八一	八	一四		三五	〇
九四		〇四	八	九四		五〇	一
三五		三〇	九	七五	七	五一	一
六五	〇一	七二	九	五〇	八	六二	一
〇〇	一一	一五	九〇	三一		八三	一
三〇		五一	〇一	〇二		〇五	一
六〇		九三	〇	八二		二〇	二
九〇		三〇	一	五三		四一	二
三一		七二	一	二四		六二	二
四一		一五	一	〇五		八三	二
六一		五一	二	七五	八	〇五	二
九一		九三	二	四〇	九	二〇	三
一二		三〇	三	一一		五一	三
二二		七二	三	八一		八二	三
三二	一一	二五	三一	四二	九	一四	三
宮		十		宮		十	

四		宮		三		宮	
差減加		分敷比		差減加		分敷比	
分	度	秒	分	分	度	秒	分
二二	○一	○二	八二	三二	一一	二五	三一
七一		二五	八	三二		七一	四
二一		四二	九	四二		二四	四
六○		六五	九二	四二		八○	五
○○	○一	八二	○三	五二		四三	五
四五	九○	○○	一	五二		○○	六
八四		二三	一	四二		七二	六
一四		四○	二	四二		四五	六
四三		六三	二	三二		二二	七
七二		七○	三	二二		○五	七
○二		八三	三	一二		九一	八
三一		九○	四	○二		七四	八
五○	九	○四	四	九一		五一	九
七五	八	一一	五	七一		三四	九一
九四		二四	五	五一		一一	○二
一四		三一	六	三一		○四	○
二三		四四	六	一一		九○	一
三二		五一	七	九○		八三	一
四一		六四	七	六○		七○	二
五○	八	六一	八	三○		六三	二
六五	七	六四	八	○○	一一	六○	三
七四		六一	九	七五	○一	七三	三
七三		六四	九三	三五		七○	四
七二		六一	○四	九四		八三	四
七一		六四	○	五四		九○	五
七○	七	六一	一	一四		○四	五
七五	六	五四	一	七三		二一	六
七四		四一	二	三三		四四	六
六三		三四	二	九二		六一	七
六二		○一	三	六二		八四	七
六一	六○	九三	三四	二二	○一	○二	八二
宮		八		宮		九	

火星第二加減遠近立成自行定宮度爲引數。

引數	宮	五			宮	
	分敷比		差減加		分敷比	
逆	秒	分	分	度	秒	分
〇三	八二	五五	六一	六	九三	三四
九	四四	五	五〇		七〇	四
八	〇〇	六	四五	五	五三	四
七	五一		三四		三〇	五
六	〇三		二三		〇三	五
五	五四	六	一二		四五	五
四	〇〇	七	九〇	五	四二	六
三	五一		七五	四	一五	六
二	九二		五四		八一	七
一	三四		二三		五四	七
〇二	七五	七	〇二		一一	八
九	〇一	八	八〇	四	六三	八
八	二二		五五	三	一〇	九
七	三三		三四		六二	九
六	三四		一三		〇五	九四
五	三五	八	八一		四一	〇五
四	〇〇	九	五〇	三	八三	〇
三	七〇		二五	二	二〇	一
二	三一		九三		六二	一
一	九一		六二		〇五	一
〇一	四二		三一	二	三一	二
九	九二		九五	一	六三	二
八	四三		六四		九五	二
七	九三		三三		一二	三
六	三四		〇二		三四	三
五	七四		七〇	一	四〇	四
四	一五		四五	〇	四二	四
三	四五		〇四		三四	四
二	七五		七三		〇〇	五
一	九五	九五	四二		六一	五
〇	〇〇	〇〇	〇〇	〇	八二	五五
	六		宮		七	

引數	初宮				一宮		
	加減差		遠近		加減差		遠
順	度	分	度	分	度	分	度
○	○○	○○	○○	○○	一一	九○	一
一		三二		二		一三	
二	○	六四		五	一	三五	
三	一	九○		八○	二	五一	
四		一三		一一	二	七三	
五	一	四五		三一	二	九五	
六	二	六一		六一	三	○二	
七	二	九三		九一	三	一四	
八	三	一○		三二	四	三○	
九		三二		六二		五二	
○一	三	五四		九二	四	七四	一
一	四	八○		一三	五	八○	二
二		一三		四三		九二	
三	四	三五		七三	五	○五	
四	五	五一		○四	六	二一	
五		七三		三四		三三	
六	五	九五		六四	六	四五	
七	六	二二		九四	七	六一	
八	六	四四		二五		七三	
九	七	六○		五五	七	八五	
○二		九二		八五	八	九一	
一	七	一五		二○	八	○四	
二	八	四一		五○	九	○○	
三		六三		八○		一二	
四	八	八五		一一	九一	二四	
五	九	○二		四一	○二	二○	
六	九○	二四		六一		二二	
七	○一	四○		九一	○	三四	二
八		六二		二二	一	四○	三
九	○	八四		五二		五二	
○三	一一	九○	一○	八二	一二	六四	三
	十一宮				宮		

三			宮		二		宮
遠	加減差		近	遠	加減差		近
度	分	度	分	度	分	度	分
五	四五	〇三	七〇	三	六四	一二	八二
	九〇	一	〇一		六〇	二	一三
	四二		四一		六二		四三
	〇四		八一		六四	二	七三
	五五	一	二二		六〇	三	〇四
	九〇	二	六二		六二		三四
	四二		〇三		五四	三	六四
	八三		三三		五〇	四	〇五
五	二五	二	七三		四二		三五
六	七〇	三	二四		四四	四	六五
	一二		六四		三〇	五	九五
	四三		〇五		二二		三〇
	七四		五五		〇四		六〇
	九五	三	九五	三	九五	五	九〇
	一一	四	四〇	四	七一	六	二一
	三二		八〇		六三		五一
	五三		二一		四五	六	八一
六	六四		六一		三一	七	二二
七	六五	四	〇二		一三		五二
	七〇	五	五二		八四	七	九二
	七一		〇三		六〇	八	三三
	六二		四三		四二		六三
	五三		八三		一四		〇四
	三四		三四		九五	八	三四
	二五	五	七四		六一	九	六四
	〇〇	六	二五		二三		〇五
七	八〇		六五	四	九四	九二	三五
八	五一		〇〇	五	五〇	〇三	七五
	一二		五〇		一二		一〇
	六二		九〇		八三		四〇
八	〇三	六三	三一	五	四五	〇三	七〇
宮			九		宮		十

五			宮		四		宮
遠	加減差		近	遠	加減差		近
度	分	度	分	度	分	度	分
三一	一五	一三	九二	八〇	〇三	六三	三一
	一二	一	七三		四三		〇二
	〇五	〇	六四		七三		六二
	五一	〇三	四五	八	〇四		二三
	七三	九二	二〇	九	二		八三
	七五	八	〇一		四		三四
	五一	八	九一		五		八四
	〇三	七	八二		五		四五
	四四	六	六三		四		九五
	六五	五	五四		二四		四〇
	六〇	五	五五	九〇	九三		九〇
	三一	四	四〇	〇一	七三		五一
	七一	三	二一		四三		一二
三	八一	二	一二		〇三		七二
二	五一	一	〇三		五二		三三
二	〇一	〇二	〇四		八一		〇四
二	三〇	九一	〇五	〇	〇一		七四
一	四五	七	〇〇	一	〇〇	六	三五
一	二四	六	〇一		九四	五	〇〇
〇	八二	五	一二		七三		七〇
〇一	二一	四	一三		四二		三一
九〇	三五	二	一四		〇一	五	〇二
八	三三	一	〇五	一	五五	四	七二
七	一一	〇一	〇〇	二	八三		四三
六	八四	八〇	一一		九一	四	一四
五	三二	七	〇二		八五	三	八四
四	七五	五	一三		六三		六五
三	〇三	四	〇四		二一	三	四〇
二	一〇	三	八四		七四	二	二一
一	一三	一	六五		〇二	二	〇二
〇〇	〇〇	〇〇	五〇	三一	一五	一三	九二
宮			七		宮		八

引數	宮
逆	近
	分
三〇	〇五
九	一三
八	一九
七	二四
六	二九
五	三三
四	三六
三	三八
二	三八
一	三七
二〇	三三
九	二六
八	一六
七	〇五
六	五四
五	三七
四	一七
三	五二
二	二三
一	四九
一〇	一一
九	二九
八	四二
七	五〇
六	五三
五	五一
四	四四
三	三六
二	二六
一	一四
〇	〇〇
	六

金星第一加減比敷立成小輪心宮度爲引數。

引數	初宮			一
	加減差		比敷	加
順	度	分	分	度
〇		〇〇		〇
一		二		一
二		四		
三		六		
四		〇八		
五		一〇		
六		一二		
七		一四	〇	
八		一六	一	
九		一八	一	
一〇		二〇	一	
一		二二	一	
二		二四	一	
三		二六	一	
四		二八	一	
五		三〇	一	
六		三二	一	
七		三四	二	
八		三六	二	
九		三八	二	
二〇		四〇	二	
一		四二	二	
二		四四	二	
三		四六	二	
四		四八	三	
五		四九	三	
六		五一	三	
七		五三	三	
八		五五	三	
九		五七	三	
三〇		五八	四	一
	十一宮			宮

宮		三	宮		二	宮	
比敷	差減加		比敷	差減加		比敷	差減
分	分	度	分	分	度	分	分
九二	一〇	二	四一	三四	一	四	八五
〇三	一		五	四		四	〇〇
〇	一		五	五		四	二〇
一	一		五	六		四	四〇
一	一		六	七		五	六〇
二	〇		六	八		五	七〇
二	〇		七	九四		五	九〇
三	〇		七	〇五		六	一一
三	〇		八	〇		六	二一
四	〇		八	一		六	四一
四	〇〇	二	九	二		六	六一
五	九五	一	九一	三		七	七一
五	九		〇二	四		七	九一
六	九		〇	四		七	〇二
六	八		一	五		八	二二
七	八		一	六		八	三二
七	七		二	六		八	五二
八	七		二	七		九	六二
八	六		三	八		九	八二
九	五		三	八		九〇	九二
九三	五		四	九		〇一	〇三
〇四	四		四	九		〇	二三
〇	三		五	九		一	三三
一	三		五	九五	一	一	四三
一	二		六	〇〇	二	一	六三
二	一		六	〇		二	七三
二	一五		七	〇		二	八三
三	九四		七	〇		三	九三
三	八		八	〇		三	一四
四	七		九	一〇		四	二四
四四	六四	一	九二	一〇	二	四一	三四
八		宮	九		宮	十	

金星第二加減遠近立成自行定宮度爲引數。

引數	五宮			四宮		
	比敷	加減差		比敷	加減差	
逆	分	分	度	分	分	度
〇三	六五	二〇	一	四四	六四	一
九	六	〇〇	一	五	五	
八	六	八五	〇	五	四	
七	六	七五		五	三	
六	七	五五		六	二	
五	七	三五		六	一	
四	七	一五		七	〇四	
三	七	九四		七	九三	
二	七	七四		八	七	
一	八	五四		八	六	
〇二	八	三四		九	五	
九	八	一四		九	三	
八	八	九三		九四	二	
七	八	七三		〇五	〇三	
六	八	四三		〇	九二	
五	九	二三		一	八	
四	九	〇三		一	六	
三	九	八二		一	五	
二	九	六二		二	三	
一	九	四二		二	一	
〇一	九	二二		二	〇二	
九	〇五	〇二		三	八一	
八	〇	七一		三	六	
七		五一		四	五	
六		三一		四	三	
五		一一		四	一	
四		九〇		五	〇一	
三		七〇		五	八〇	
二		四〇		五	六	
一		二〇		五	四	
〇	〇	〇〇	〇	六五	二〇	一
	六宮			七宮		

二	宮		一	宮		初	引
加	近遠	差減加		近遠	差減加		數
度	分	分	度	分	分	度	順
四二	六一	二二	二一	〇〇	〇〇	〇〇	〇
四	六	七四	二	一	六二		一
五	七	二一	三	一	一五	〇	二
五	八	六三	三	二	五一	一	三
五	八	〇〇	四	二	〇四	一	四
六	九	五二	四	三	五〇	二	五
六	九一	九四	四	三	〇三		六
七	〇二	三一	五	四	四五	二	七
七	〇	七三	五	四	九一	三	八
七	一	一〇	六	五	四四	三	九
八	一	六二	六	五	九〇	四	〇一
八	二	〇五	六	六	四三		一
八	三	四一	七	六	八五	四	二
九	三	八三	七	六	三二	五	三
九	四	二〇	八	七	八四	五	四
九二	四	六二	八	七	三一	六	五
〇三	五	〇五	八	八	七三	六	六
〇	六	四一	九	八	二〇	七	七
一	六	八三	九一	九	七二		八
一	七	一〇	〇二	九〇	二五	七	九
一	八	五二	〇	〇一	六一	八	〇二
二	八	九四	〇	〇	一四	八	一
二	九	三一	一	一	六〇	九	二
二	九二	六三	一	一	〇三		三
三	〇三	〇〇	二	二	五五	九〇	四
三	一	四二	二	二	〇二	〇一	五
三	一	七四	二	三	四四	〇	六
四	二	一一	三	四	九〇	一	七
四	二	五三	三	四	四三	一	八
四	三	八五	三	五	八五	一	九
五三	三三	二二	四二	六一	二二	二一	〇三
宮	十		宮	十	一	宮	

四		宮		三		宮	
差減加		近遠		差減加		近遠	差減
分	度	分	度	分	度	分	分
六二	三四	七五		六一	五三	三二	二二
七三		八		六三		四	五四
八四		九五	○	五五	五	五	七○
八五	三	○○	一	五一	六	五	○三
七○	四	一		四三		六	三五
五一		二		三五	六	七	五一
二二		三		二一	七	八	八三
八二		四		一三		八	一○
三三		五		九四	七	九三	三二
八三		六		八○	八	○四	六四
三四		七		六二		一	九○
八四		八		三四	八	二	一三
二五		九○		○○	九	二	三五
七五		○一		八一		三	五一
七五		二		五三		四	七三
八五		五		二五	九三	五	九五
七五		六		九○	○四	六	○二
五五		八		五二		六	二四
二五		九一		二四		七	四○
八四		一二		八五		八	五二
三四		二		四一	一	九	七四
七三		三		九二		九四	九○
九二		四		三四		○五	○三
九一		五		七五	一	一	一五
八○	四	七		一一	二	二	三一
五五	三	八		四二		三	四三
○四		九二		七三		四	五五
三二		一三		○五	二	五	六一
四○	三	二		二○	三	五	六三
二四	二	三		四一		六	六五
○二	二四	四三	一	六二	三四	七五	六一
宮		八		宮		九	

水星第一加減比敷立成小輪心宮度爲引數。

引數	宮		五		宮	
	近	遠	差減	加	近	遠
逆	分	度	分	度	分	度
〇三	二四	二	〇二	二四	四三	一
九	五		五五	一	五	
八	七四		七二	一	七	
七	〇五		六五	〇	八三	
六	二		二二	〇四	〇四	
五	四		四四	九三	二	
四	七		四〇	九	四	
三	九五	二	一二	八	六	
二	一〇	三	三三	七	八四	
一	三		一四	六	一五	
〇二	四		五四	五	三	
九	四		五四	四	六	
八	五		〇四	三	八五	一
七	六		一三	二	〇〇	二
六	六		八一	一三	三	
五	五		九五	九二	五	
四	三		五三	八	七〇	
三	〇〇	三	四〇	七	〇一	
二	五五	二	七二	五	二	
一	八四		六四	三	四	
〇一	八三		〇〇	二	七	
九	五二		八〇	〇二	九一	
八	九〇	二	九〇	八一	二二	
七	二五	一	五〇	六	四	
六	五三		七五	三	七	
五	八一		五四	一一	九二	
四	二〇	一	〇三	九〇	二三	
三	六四	〇	二一	七	四	
二	〇三		一五	四	七	
一	五一		六二	二	九三	
〇	〇〇	〇	〇〇	〇〇	二四	二
	六		宮		七	

引數	初宮 加減差		初宮 比敷	一宮 加減差		一宮 比敷	二宮 加
順	度	分	分	度	分	分	度
〇		〇〇		一	七二	七〇	二
一		三〇			〇三	八	
二		七〇			二三	八	
三		〇一			四三	九	
四		三一			七三	九〇	
五		六一			九三	〇一	
六		九一			一四	〇	
七		二二	〇		四四	一	
八		五二	一		六四	一	
九		八二	一		八四	二	
〇一		一三	一		一五	二	
一		四三	一		三五	三	
二		七三	一		五五	三	
三		〇四	二		七五	四	
四		三四	二	一	九五	五	
五		六四	二	二	一〇	五	
六		九四	二		三〇	六	
七		二五	二		五〇	七	
八		五五	三		七〇	七	
九	〇	八五	三		九〇	八	
〇二	一	一〇	三		〇一	八	
一		四〇	四		二一	九一	
二		七〇	四		三一	〇二	
三		〇一	四		五一	〇	
四		二一	五		六一	一	
五		五一	五		八一	二	
六		七一	五		九一	二	
七		〇二	六		一二	三	
八		三二	六		二二	四	
九		五二	七		四二	四	
〇三	一	七二	七	二	五二	五二	二
	十一宮			十宮			宮

四宮			三宮			宮	
比敷	加減差		比敷	加減差		比敷	減差
分	分	度	分	分	度	分	分
○○	二五	二	五○	四三	二	二五	二五
	二三		○	二		六	七
	二二		一	二		八	二九
	二一		二	二		八	三○
	一九		二	二		八	一
	一八		三	二		二九	一
	一六		四	一		三○	二
○○	一五		四	一		一	三
五九	一四		五	一		二	四
九	一二		五	一		三	五
九	一○		六	○		四	五
九	○八		六	○		五	六
九	○六		七	四○		六	七
九	○五		七	三九		六	七
八	○三		七	九		七	八
八	○一	二	八	八		八	九
八	五九	一	八	八		三九	三九
八	五七		八	七		四○	四○
八	五五		八	六		一	○
八	五三		九	六		二	一
八	五一		九	五		二	一
七	四九		九	五		三	二
七	四七		五九	四		四	二
七	四五		○○	三		五	二
六	四三			二		六	三
六	四一			一		七	三
六	三八			三○		八	三
五	三五			二八		八	三
五	三三			七		九	三
五	三一			六		四九	三
五五	二八	一	○○	二五	二	五○	四三
七宮			八宮			九	

引數 逆	比敷 分	加減差 分	加減差 度
五宮			
○三	五五	八二	一
九	四	六	
八	四	三	
七	四	○二	
六	四	七一	
五	三	四一	
四	三	一一	
三	三	九○	
二	三	六○	
一	二	四○	
○二	二	一○	一
九	二	八五	○
八	二	五五	
七	一	二五	
六	一	九四	
五	一	六四	
四	一	三四	
三	一	○四	
二	一	七三	
一	一	四三	
○一	一	一三	
九	○	八二	
八	○	五二	
七		二二	
六		九一	
五		六一	
四		三一	
三		九○	
二		六○	
一		三○	
○	○五	○○	○
六宮			

水星第二加減遠近立成自行定宮度爲引數。

加減差 分	加減差 度	引數 順
初宮		
○○		○
五一		一
一三		二
六四	○	三
一○	一	四
六一		五
二三		六
七四	一	七
二○	二	八
七一		九
二三		○一
七四	二	一
二○	三	二
七一		三
三三		四
八四	三	五
三○	四	六
八一		七
三三		八
八四	四	九
三○	五	○二
八一		一
三三		二
八四	五	三
三○	六	四
七一		五
二三		六
七四	六	七
一○	七	八
六一		九
○三	七	○三
宮		

二		宮		一		宮	
加減差		遠近		加減差		遠近	
度	分	度	分	度	分	度	分
○一	四一	○○	一	○三	七	○	
二二		二		四四		二	
四三		五		九五	七	四	
五四		七		三一	八	六	
六五	四	九○		七二		八○	
七○	五	○一		一四		○一	
八一		二		五五	八	二	
九二		四		九○	九	四	
○四		六		三二		六	
○五	五	八一		七三		八一	
○○	六	○二		一五	九○	○二	
○一		二		五○	○一	二	
○二		四		八一		四	
○三		六		二三		六	
九三		八二		六四		七	
九四		一三		九五	○	九二	
八五	六	三		三一	一	一三	
八○	七	五		六二		二	
七一		七		九三		五	
六二		九三		二五	一	七	
五三		一四		五○	二	九三	
四四		三		八一		一四	
二五	七	五		一三		三	
○○	八	七		四四		五	
八○		九四		六五	二	七	
六一		一五		九○	三	九四	
三二		三		一二		一五	
○三		五		四三		三	
六三		七		六四		五	
三四		九五	一	八五	三	七五	
九四	八一	一○	二	○一	四一	○○	一
宮		十		宮		十一	

四		宮		三		宮	
差減加		近　遠		差減加		近　遠	
分	度	分	度	分	度	分	度
五三	九一	六〇	三	九四	八一	一〇	二
一三		八〇		五五	八	三	
六二		〇一		一〇	九	六	
〇二		二一		六〇		八〇	
四一		四一		一一		〇一	
八〇		六一		六一		二一	
一〇	九	八一		一二		五一	
四五	八	一二		五二		七一	
六四		三二		〇三		九一	
八三		五二		四三		一二	
九二		七二		八三		三二	
〇二		九二		二四		五二	
〇一	八	一三		六四		七二	
九五	七	三三		九四		〇三	
八四		五三		二五		二三	
七三		七三		四五		四三	
五二		九三		五五		七三	
二一	七	一四		六五		九三	
九五	六	三四		六五		一四	
五四		四四		六五		三四	
一三		六四		五五		五四	
六一		七四		五五		七四	
一〇	六	九四		四五		九四	
五四	五	〇五		四五		一五	
八二		二五		三五		四五	
一一	五	三五		二五		八五	
三五	四	四五		〇五		八五	二
五三		六五		七四		〇〇	三
六一	四	七五		三四		二〇	
六五	三	八五		九三		四〇	
六三	三一	九五	三	五三	九一	六〇	三
宮		八		宮		九	

引數	宮	五			宮	
	近	遠	差減	加	近	遠
逆	分	度	分	度	分	度
〇三	五三	三	六三	三一	九五	三
九	一三		五一	三	〇〇	四
八	七二		四五	二	一	
七	二二		二三	二	二	
六	八一		〇一	二	三	
五	三一		七四	一	四	
四	八〇		四二	一	四	
三	二〇	三	九五	〇	五	
二	七五	二	五三	〇	五	
一	一五		〇一	〇一	六	
〇二	五四		四四	九〇	六	
九	九三		八一	九	六	
八	二三		一五	八	六	
七	五二		四二	八	五	
六	八一		七五	七	五	
五	一一		九二	七	四	
四	三〇	二	一〇	七	四	
三	五五	一	三三	六	三	
二	七四		四〇	六	二	
一	九三		五三	五	一	
〇一	一三		五〇	五	〇〇	四
九	二二		五三	四	九五	三
八	三一		五〇	四	七	
七	四〇	一	五三	三	五	
六	六五	〇	五〇	三	三	
五	七四		四三	二	一五	
四	七三		四〇	二	八四	
三	八二		三三	一	五	
二	九一		二〇	一	二四	
一	〇一		一三	〇	九三	
〇	〇〇	〇	〇〇	〇〇	九三	三
	六		宮		七	

校勘記

〔一〕三十年計二十九分十秒　十秒，疑當作「七秒」。明史稿志一六曆志、七政推步都作「二十九分七秒」。本志下段總年立成有「每三十年加二十九分七秒」。

明史卷三十九

志第十五

曆九

回回曆法三

土星黃道南北緯度立成　上橫行，以小輪心定度爲引數，起五十度，累加三度。首直行以自行定度爲引數，累加十度。求法：簡兩引數近度，縱橫相遇度分，次各用比例法，得細率。

自行定度		
	度	
初	度	
	分	
〇一	度	
	分	
〇二	度	
	分	
〇三	度	
	分	
〇四	度	
	分	
〇五	度	
	分	
〇六	度	
	分	
〇七	度	
	分	
〇八	度	
	分	
〇九	度	
	分	
〇〇百	度	
	分	
十一百	度	
	分	
十二百	度	
	分	

道黃　　　北(二)

		度定心輪小					
一一	八〇	五〇	二〇	九五	六五	三五	〇五
			〇〇		一		二〇
九四	四一	一二	四五	三二	五四	〇〇	四〇
			〇		一		二
一五	五一	一二	五五	五二	八四	三〇	七〇
			〇		一		二
四五	六一	二二	八五	九二	二五	八〇	二一
		〇	一	一			二
八五	七一	四二	二〇	五三	一〇	七一	二二
一		〇	一	一			二
二〇	八一	六二	七〇	三四	〇一	八二	二三
一		〇	一	一			二
六〇	九一	七二	一一	九四	九一	八三	二四
一		〇	一	二			二
八〇	〇二	八二	二一	一五	二二	一四	七四
一		〇	一	一			二
五〇	九一	七二	一一	九四	一二	〇四	五四
一		〇	一	一			二
一〇	八一	五二	七〇	三四	二一	三〇	六三
		〇	一	一			二
六五	七一	四二	二〇	五三	二〇	九一	五二
			〇		一		二
二五	六一	二二	八五	九二	四五	〇一	五一
			〇		一		二
〇五	五一	一二	五五	五二	〇五	五〇	九〇
			〇		一		二
九四	四一	一二	四五	三二	五四	〇〇	四〇

道黃

黃						南	
五三	二三	九二	六二	三二	〇二	七一	四一
	〇		一		二		一
六〇	八四	五二	〇五	四〇	〇〇	四四	九一
	〇		一		二		一
六〇	九四	七二	三五	九〇	五〇	八四	三二
	〇		一		二		一
七〇	一五	一三	八五	四一	二一	四五	七二
	〇	一				二	一
七〇	五五	八三	七〇	四二	三二	三〇	四三
	〇	一				二	
七〇	九五	五四	七一	五三	四三	三一	一四
〇		一				二	
八〇	三〇	二五	五二	五四	四四	一二	八四
〇		一				二	
八〇	四〇	四五	八二	七四	七四	四二	〇五
〇		一				二	
八〇	三〇	二五	四二	三四	一四	九一	六四
	〇	一				二	
八〇	九五	五四	五一	一三	〇三	九〇	九三
	〇	一			二		一
七〇	五五	八三	五〇	二二	八一	九五	二三
	〇		一		二		一
七〇	一五	一三	七五	二一	九〇	一五	五二
	〇		一		二		一
六〇	九四	七二	三五	七〇	三〇	六四	一二
	〇		一		二		一
六〇	八四	五二	〇五	四〇	〇〇	四四	九一

黃

木星緯度立成同土星，其小輪心定度起初度。

	自行定度	北				道
度		〇五	七四	四四	一四	八三
度	初	二			一	
分		二〇	六五	八二	九〇	三三
度	〇一	二			一	
分		五〇	九五	〇四	一一	五三
度	〇二		二		一	
分		一一	四〇	五四	四一	八三
度	〇三		二		一	
分		〇二	三一	二五	九一	三四
度	〇四			二	一	
分		二三	四二	二〇	六二	九四
度	〇五			二	一	
分		三四	五三	〇一	二三	五五
度	〇六			二	一	
分		九四	一四	五一	六三	八五
度	〇七			二	一	
分		六四	八三	三一	四三	七五
度	〇八			二	一	
分		六三	八二	五〇	八二	一五
度	〇九		二		一	
分		五二	八一	六五	二二	五四
度	〇〇百		二		一	
分		四一	七〇	七四	六一	九三
度	十一百		二		一	
分		七〇	一〇	二四	二一	六三
度	十二百				一	
分		二〇	六五	八三	九〇	三三
						道

道黃		北					
		度定心輪小					
一二	八一	五一	二一	九	六	三	〇〇
						〇	一
二三	三一	五〇	三二	九二	一五	八五	一〇
					〇		一
三三	三一	五〇	二四	〇四	二五	〇〇	三〇
					〇		一
六三	五一	六〇	六二	三四	六五	四〇	七〇
				〇			一
一四	七一	六〇	〇三	八四	三〇	一一	五一
				〇			一
六四	九一	七〇	三三	四五	一一	〇二	四二
			〇				一
一五	一二	八〇	六三	〇〇	八一	八二	三三
			〇	一		〇	一
三五	一二	八〇	六三	一〇	〇二	三一	六三
				〇			一
〇五	〇二	八〇	五三	八五	七一	八二	三三
				〇	一	〇	一
五四	八一	七〇	一三	三五	九〇	〇二	四二
				〇	一	〇	一
九三	六一	六〇	八二	七四	二〇	一一	五一
					〇		一
五三	四一	六〇	五二	二四	六五	四〇	七〇
					〇		一
三三	三一	五〇	四二	〇四	三五	〇〇	三〇
						〇	一
二三	三一	五〇	三二	九三	一五	八五	一〇

道黃

黃　　　　南

五四	二四	九三	六三	三三	○三	七二	四二
				○	一		
五○	三一	二三	六四	六五	○○	六五	六四
				○	一		
五○	三一	三三	七四	八五	二○	八五	八四
			○			一	
六○	四一	五三	一五	二○	六○	三○	一五
			○			一	
六○	六一	九三	七五	九○	五一	一一	八五
		○					一
七○	八一	五四	四○	八一	五二	○二	六○
		○	一		○		一
八○	○二	○五	一一	八二	四三	九二	三一
		○	一		○		一
八○	一二	二五	五一	二三	九三	二三	五一
		○	一		○		一
八○	一二	一五	三一	九二	四三	七二	二一
		○	一		○		一
七○	九一	六四	六○	○二	五二	八一	四○
			○			一	
六○	七一	一四	八五	一一	五一	九○	七五
			○			一	
六○	五一	六三	一五	三○	六○	二○	一五
				○	一		
五○	三一	三三	八四	八五	二○	八五	七四
				○	一		
五○	三一	二三	六四	六五	○○	六五	六四

黃

		北		道
〇六	七五	四五	一五	八四
一		〇		
一〇	八五	一五	九三	三二
一		〇		
三〇	九五	二五	〇四	四二
	一	〇		
七〇	三〇	五五	二四	五二
		一		
五一	〇一	二〇	七四	八二
		一		
四二	九一	九〇	三五	二三
一		〇		
三三	七二	七一	七五	五三
		一	一	
六三	〇三	九一	一〇	六三
一	〇	一		
三三	九二	八一	九五	六三
一	〇	一		
四二	一二	一一	四五	三三
		一		
二一	二一	三〇	八四	九二
	一	〇		
七〇	五〇	六五	二四	六二
	一	〇		
三〇	〇〇	二五	〇四	四二
一		〇		
一〇	八五	一五	九三	三二
				道

火星緯度立成

引數上橫行，小輪心定度，累加二度。首直行，自行定度，累加四度。

度	自行定度
度	
分	初
度	四〇
分	
度	八〇
分	
度	二一
分	
度	六一
分	
度	〇二
分	
度	四二
分	
度	八二
分	
度	二三
分	
度	六三
分	
度	〇四
分	
度	四四
分	
度	八四
分	
度	二五
分	
度	六五
分	
度	〇六
分	

黃　　　　　　　　北

小輪心定度							
五一	三一	一一	九	七	五	三	一
五○	三一	○二	七二	一三	五三	八三	○ 九三
五○	四一	二二	九二	三三	七三	○四	○ 一四
六○	五一	三二	一三	五三	○四	三四	○ 四四
六○	六一	六二	三三	八三	三四	六四	○ 七四
七○	八一	九二	八三	四四	八四	一五	○ 三五
八○	二二	三三	三四	九四	五五	八五	○ 九五
九○	五二	九三	○五	○ 七五	四○	八○	一 九○
一一	八二	四四	○ 七五	六○	三一	九一	一 ○二
三一	五二	○ 四五	九○	九一	六二	八二	一 九二
五一	○ 一四	三○	二二	四三	四四	○五	一 二五
七一	○ 七四	四一	五三	一 ○五	一○	九○	二 ○一
○二	○ 四五	三二	一 七四	四○	九一	八二	二 ○三
○ 三二	二○	一 七三	五○	五二	○四	○五	二 一五
○ 六二	一一	一 ○五	二二	二 四四	二○	五一	三 八一
○ 九二	一 八一	三○	二 九三	五○	六二	一四	三 五四
○ 七二	三一	一 六五	二 四三	三○	八二	二 二五	四 三○

黃

南　　　　道

一三	九二	七二	五二	三二	一二	九一	七一
			〇				
四三	五三	三三	〇三	四二	八一	〇一	三〇
			〇				
五三	六三	四三	一三	五二	九一	一一	三〇
			〇				
六三	八三	七三	三三	七二	〇二	二一	三〇
			〇				
〇四	二四	一四	七三	一三	三二	三一	四〇
			〇				
六四	八四	七四	二四	五三	六二	五一	四〇
			〇				
一五	四五	三五	九四	一四	一三	八一	五〇
		一	〇				
二〇	五〇	五〇	九五	九四	七三	一二	六〇
			一				
四一	七一	六一	〇一	八五	三四	五二	七〇
			一	一			
七二	一三	九二	二二	七〇	一五	九二	九〇
			一		一		
一四	九四	八四	一四	三二	二〇	六三	一一
			二		一		
五〇	四一	四一	六〇	五四	八一	五四	三一
			二	二	一		
六二	八四	八四	七三	二二	八三	七五	七一
			三		二	一	
七一	九二	八二	五一	三二	四〇	二一	一二
			四	三	二	一	
九〇	八二	九一	五一	五三	三四	四三	八二
			五	四	三	一	
七二	一五	八四	三二	六二	八一	三五	三三
		六	五	四	二	一	
三二	一四	〇一	〇二	九〇	八五	九三	九二

道

道黃

七四	五四	三四	一四	九三	七三	五三	三三
八一	○一	二○	五○	三一	○二	七二	二三
八一	○一	二○	五○	三一	○二	七二	二三
九一	一一	二○	五○	三一	一二	八二	三三
○二	二一	二○	六○	四一	三二	○三	六三
二二	二一	三○	六○	五一	五二	四三	○四
四二	三一	三○	七○	八一	九二	七三	六四 ○
七二	五一	三○	八○	○二	二三	四四 ○	四五
一三	七一	三○	○一	四二	○四 ○	四五	五○
六二	○二	四○	二一	九二	七四 ○	三○	六一
一四	三二	五○	三一	四三 ○	五五	六一	八二 一
一五	八二	六○	六一	○四 ○	六○	○三 一	○五
九五	三三	七○	○二 ○	○五	二二 一	二五	七一 二
九○ 一	八三	八○	五二 ○	二○ 一	三四	○二 二	二五 三
八一 一	三四	九○	一三 ○	八一 一	七○ 二	三五 三	四三 四
○三 一	○五	○一	○四 ○	○四 二	五四 三	七四 四	三四 五
三四	七五	一一	二五	○一	三三	九四	○五

道黃

火星緯度立成

北						
一六	九五	七五	五三	三五	一五	九四
〇						
九三	〇四	九三	七三	五三	二三	五二
〇						
一四	一四	〇四	七三	四三	一三	五二
〇						
四四	四四	三四	〇四	七三	一三	六二
〇						
七四	八四	六四	三四	九三	四三	八二
〇						
五五	二五	〇五	七四	二四	六三	〇三
〇						
九五	九五	七五	二五	七四	〇四	三三
一			一			
九〇	八〇	五〇	〇〇	五五	六四	七三
一				一		
〇二	八一	六一	〇一	三〇	二五	四四
一					一	
九二	九二	七二	〇二	一一	二〇	一五
一					一	
一五	〇五	四四	五三	三二	一一	六五
二		二				一
〇一	八〇	三〇	四五	二四	八二	二一
二			二			一
〇二	八〇	四二	三一	九五	三四	三二
二				二		
一五	九四	三四	一二	五一	八五	六三
三		三			二	
八一	七一	九〇	五五	六三	五一	九四
三			三			二
六四	四四	四三	九一	八五	四二	五〇
四	四				三	二
三〇	七〇	九五	四四	一二	七三	二二

北

小輪心定度							自行定度
一一	九○	七○	五○	三○	一○	度	
一	二			三一	四	度	○六
六五	四三	三○	八二	二五	三○	分	
一		二			三	度	四六
一四	四一	○四	五○	七二	九三	分	
	一		二		三	度	八六
八二	七五	一二	三四	四○	四一	分	
	一				二	度	二七
七一	二四	二○	○二	七三	六四	分	
一	○	一			二	度	六七
七○	九二	七四	三○	九一	八二	分	
○			一		二	度	○八
七五	六一	二三	六四	○○	七○	分	
					一	度	四八
六四	一○	五一	八二	二四	八四	分	
	○				一	度	八八
一四	四五	四○	五一	四二	八二	分	
		○			一	度	二九
五三	七四	七五	五○	三一	八一	分	
			○		一	度	六九
○三	○四	八四	五五	三○	七○	分	
					○	度	○○百
七二	五三	二四	九四	五五	八五	分	
					○	度	四○百
四二	二三	八三	三四	八四	一五	分	
					○	度	八○百
二二	九二	五三	○四	五四	七四	分	
					○	度	二一百
一二	七二	三三	七三	二四	三四	分	
					○	度	六一百
○二	六二	一三	六三	九一	○四	分	
					○	度	○二百
○二	七二	一三	五三	八三	九三	分	

黃道

七二	五二	三二	一二	九一	七一	五一	三一
六	五	四	二	一		○	
○一	○二	九○	八五	九三	九二	七二	三一
	四	三	二	一		○	
八五	二一	三一	六一	六一	二二	三二	四○
	三	二	一				○
七四	二一	九二	七四	九五	七一	○二	五五
三	一	二	一				○
一○	六三	○○	五二	八四	四一	八一	八四
	二		一				○
四二	四○	六三	九○	八三	一一	四一	二四
		一					
六五	九三	八一	五五	一三	九○	三一	六三
		一	○				
三三	二二	四○	六四	六二	七○	一一	九二
一	一						
一二	○一	五五	九三	二二	六○	九○	六二
一							
八○	九五	六四	三三	八一	五○	八○	二二
七五	九四	九三	七二	五一	四○	七○	九一
八四	二四	三三	四二	四一	四○	六○	七一
三四	七三	尢二	一二	二一	三○	六○	五一
七三	三三	七二	九一	一一	三○	五○	四一
五三	一三	五二	八一	○一	三○	五○	三一
三三	○三	四二	七一	○一	三○	五○	三一
三三	○三	四二	八一	○一	三○	五○	三一

黃道

黃道							南
三四	一四	九三	七三	五三	三三	一三	九二
	〇	二	三	四	五		六
一一	二五	〇一	三三	九四	〇五	三三	一四
〇	一	二	三	四			五
二一	〇〇	六二	七四	一五	〇三	五四	三三
	〇	二		三			四
一一	二五	〇〇	四〇	〇五	五一	二四	三一
	〇	一		二			三
〇一	八三	一三	九一	六五	七一	六二	〇二
	〇		一				二
八〇	〇三	二一	二五	二二	八三	八四	九三
		〇		一			二
七〇	四二	八五	九二	三五	七〇	二一	七〇
		〇					一
六〇	九一	六四	一一	一三	三四	七四	三四
			〇				一
五〇	六一	七三	七五	四一	五二	九八	八二
			〇				一
四〇	三一	二三	〇五	三〇	二一	六一	五一
				〇			一
四〇	一一	七二	二四	四五	〇〇	三〇	三〇
							〇
三〇	九〇	三二	五三	四四	〇五	三五	三五
							〇
三〇	八〇	九一	〇三	七三	四四	七四	七四
							〇
三〇	七〇	七一	六二	四三	九三	〇四	一四
							〇
二〇	六〇	五一	三二	〇三	五三	七三	八八
							〇
二〇	六〇	四一	一二	八二	二三	五三	六三
							〇
二〇	五〇	三一	〇二	七二	一三	四三	五三
黃道							

北

九五	七五	五五	三五	一五	九四	七四	五四
四	三	〇		三	二	一	
七〇	九五	四四	一二	七三	二二	三四	七五
				三	二		一
〇五	〇五	一四	五三	三〇	二三	一五	二〇
			三		二	一	
一二	二二	六一	二〇	三四	六一	一四	六五
					二	一	
四五	六五	三五	九三	四二	六〇	九二	九四
				二		一	
三三	三三	九二	八一	四〇	三四	六一	二四
			二			一	
二一	四一	一一	二〇	九四	一三	七〇	七三
					一		
三五	四五	二五	五四	二〇	八一	八五	二三
					一		
一三	二三	二三	八二	九一	七〇	九四	八二
				一			
一二	二二	八一	三一	六〇	五五	〇四	二二
			一				
〇一	一一	九〇	四〇	八五	八四	六三	〇二
一							
〇〇	九五	九五	四五	九四	一四	一三	七一
三五	三五	二五	八四	三四	六三	七二	五一
八四	八四	七四	二四	八三	二三	三二	三一
五四	四四	三四	九三	七三	九二	二二	三一
二四	一四	〇四	七三	四三	七三	〇二	一一
〇四	九三	七三	五三	二三	五二	八一	〇一

一六
三〇
九三
四一
六四
八二
七〇
八四
八二
八一
七〇
〇
八五
一五
七四
三四
〇四
九三

金星緯度立成引數自行定度，累加三度。小輪心定度，累加二度。

北

自行定度		小輪心定度			
	度	〇〇	二〇	四〇	六〇
初	度	〇			
	分	三一	八二	一四	九四
三〇	度	〇			
	分	四二	八三	八四	八五
六〇	度	〇			一
	分	六三	〇五	八五	〇六
九〇	度	〇		一	
	分	七四	八五	七〇	三一
二一	度	〇	一		
	分	八五	九〇	四一	八一
五一	度	一			
	分	九〇	八一	三二	三二
八一	度	一			
	分	九一	七二	六二	七二
一二	度	一			
	分	九二	四三	三三	九二
四二	度	一			
	分	九三	二四	九三	一三
七二	度	一			
	分	八四	八四	二四	八三
〇三	度	一			
	分	八五	六五	七四	四三
三三	度	二		一	
	分	六〇	四〇	八四	二三
六三	度	二		一	
	分	五一	六〇	九四	八二
九三	度	二		一	
	分	二二	八二	五四	二二
二四	度	二		一	
	分	五二	五〇	八三	八〇

北

二二	○二	八一	六一	四一	二一	○一	八○
						一	
二○	八○	二一	二一	一一	○一	三○	八五
○							一
四五	二○	九○	一一	二一	三一	○一	六○
	○						
六四	四五	四○	九○	一一	四一	五一	二一
		○					
六三	六四	八五	四○	九○	四一	七一	七一
			○				
四二	六三	八四	七五	一○	四一	八一	○二
				○			
六○	七二	一四	一五	七五	一一	八一	一二
八○	二一	九二	○四	七四	八○	五一	二二
					○		
二二	二○	七二	九二	九三	九五	二一	二二
					○		
一三	六一	三○	八一	一三	五五	九○	九一
					○		
四四	九二	八○	七○	一二	五四	四○	七一
					○		
八五	三四	一二	○一	一一	一四	一○	九○
	一						○
七一	一○	九三	一二	七○	五三	一五	九五
	一						○
七二	二二	九五	一四	五二	九一	九三	八四
			一				○
八五	五五	二二	四○	八四	七一	四二	七二
	二			一			○
三二	三一	○五	二三	七一	五四	三○	七一

南　黃道　北

南　　南道黃　北

八三	六三	四三	二三	○三	八二	六二	四二
	○						○
八四	二三	七一	○○	三一	八二	三四	四五
	○						
六五	二四	八二	三一	二○	七一	二三	四四
一	○						
二○	一五	八三	四二	○一	五○	八一	二三
一	○						
六○	七五	六四	三三	一二	七○	八○	二二
	一						
八○	一○	四五	三四	二三	九一	四○	○一
	一	一					
○一	六○	○○	二五	三四	一三	六一	一○
	一						
九○	九○	五○	○○	三五	四四	九一	七一
	○						
八○	一一	○一	八○	三○	六五	二四	一三
	一				一		
七○	四一	六一	六一	三一	八○	六五	六四
	一					一	
四○	三一	九二	二二	二二	八一	九○	九五
	一						一
二○	五一	三二	○三	二三	○三	四二	三一
○	一						
五五	一一	四二	五三	○四	二四	九三	○三
○	一						
五四	七○	三二	○四	九四	五五	五五	八四
	○						
三三	九五	○二	二四	六五	六○	一一	七○
	○			一			
五一	六四	二一	九三	九五	五一	八二	八二

黃　南　　南

四五	二五	〇五	八四	六四	四四	二四	〇四
		〇					一
四三	八四	九五	六〇	一一	二一	八〇	〇〇
		〇	一				
四二	〇四	六五	三〇	〇一	二一	一一	四〇
			〇				
二一	一三	四四	一五	六〇	一一	三一	九〇
			〇				
一〇	九一	五五	〇五	一一	八〇	二一	〇一
				〇			
一一	八〇	四二	一四	四五	三〇	八〇	〇一
					〇		
三二	三〇	四一	二三	六四	七五	五〇	九〇
七三	八一	一〇	九一	四三	八四	九五	六〇
						〇	一
一五	三三	四一	六〇	三二	九三	二五	二〇
六〇	七四	九二	七〇	三一	〇三	五四	八五
	一						〇
九一	一〇	三四	〇二	一〇	九一	七三	一五
	一						〇
三三	六一	七五	三三	二一	九〇	八二	六四
		一					
〇五	四三	七一	一五	九二	七〇	六一	七三
二			一				
八〇	四五	七三	三一	八四	五三	一〇	四二
	二			一			
七二	五一	九五	四三	一一	六四	〇二	八〇
			二		一		
六四	八三	五二	一〇	〇四	四一	六四	五一

北　道

北	道黄	南
〇六	八五	六五
三一	二〇	九一
四二	〇一	八〇
六三	二二	五〇
七四	四三	六一
八五	六四	八二
一		
九〇	七五	〇四
		〇
九一	〇一	五五
		一
九二	二二	八〇
九三	四三	一二
八四	四四	二三
八五	七五	六四
		二
六〇	七〇	一〇
五一	〇二	五一
二二	二三	〇三
五二	一四	五四
北		

金星緯度立成

北

			定度自行
二〇	〇〇	度	
	二	度	二四
五〇	五二	分	
	二	度	五四
〇〇	八二	分	
一	二	度	八四
八四	五二	分	
一	二	度	一五
四二	七一	分	
〇	一	度	四五
〇五	七五	分	
〇	一	度	七五
七〇	五一	分	
一	〇	度	一六
九一	三一	分	
二	〇	度	三六
七〇	九四	分	
二	一	度	六六
一三	一三	分	
二	一	度	九六
七三	一五	分	
二	一	度	二七
一三	九五	分	
	二	度	五七
五二	二〇	分	
二	一	度	八七
五一	九五	分	
二	一	度	一八
六〇	六五	分	
	一	度	四八
四五	九四	分	

南

南　　　道黃　北

				小輪心定度			
八一	六一	四一	二一	○一	八○	六○	四○
		一			○		一
○五	二三	七一	五四	三○	七二	八○	八三
	二		一			○	一
四二	六○	六五	○二	四二	○○	五四	五二
三			二	一		○	一
七○	一五	六四	七○	四○	八三	四二	四○
四			三		一		○
八二	八四	二五	二一	八五	三三	○三	○三
		五	四	三	二	一	○
八○	○○	九○	○三	一四	○二	一三	八一
		六	五	四	三	二	一
六一	七一	○三	七四	五三	○四	五一	八二
		七		六	五	四	二
三○	五一	一一	○五	一○	○○	七○	三四
				六	五	四	三
七一	九三	五一	九○	五○	三二	一二	七一
四	六			五		四	三
三五	二二	三○	八○	三二	七五	九二	三二
三	四	三			四		三
四三	四○	四五	七○	三三	九一	三四	二一
		二				三	二
八二	七五	七五	四一	三四	八三	四一	六五
一			二	三			二
九三	六○	四一	三三	三○	四五	○五	○四
			一				二
三○	九二	○四	九五	九二	五三	八一	三二
	○		一				二
三三	七五	○一	一三	○○	二○	八○	八○
		○					一
二○	四三	八四	九○	七三	七四	○五	三五

黃　南　　　　南

四三	二三	〇三	八二	六二	四二	二二	〇二
		一					三
二一	九三	九五	五一	八二	八二	三二	三一
〇	一						
九五	五三	二〇	六二	四四	二五	三五	九五
〇		一	二				
九三	三二	九五	二三	三〇	六二	八三	三二
〇		一	三		三		
七〇	三〇	一五	四三	八一	七五	二二	二一
	〇	一	二	三			四
二四	九二	一三	〇三	二三	九一	一五	四三
一		〇	二	三	四	五	
九四	六二	九四	三〇	五二	四三	七二	〇〇
三	一	〇	一	二	四	五	六
九〇	八三	三一	三一	八四	八〇	四二	九二
三	二	一	〇	一	二		四
七四	九二	五一	七〇	七二	二四	六二	二五
三	二	一		〇	一		三
四五	六五	七五	八四	〇二	五二	二〇	八二
	三	二	一		〇	一	二
四四	二〇	七一	九二	九二	〇四	八四	二四
三		二		一		〇	一
三二	八五	五一	九四	一〇	六〇	二五	九三
三			二	一			〇
六〇	五二	八二	一〇	一二	八三	二一	三五
			二	一			〇
〇五	一四	五二	五〇	一三	八五	五一	九〇
			二		一		
三三	二三	二二	八〇	〇四	七一	四四	七〇
			二		一		
八一	一二	五一	五〇	四四	三二	二五	四二

北道

北　道黃　南

〇五	八四	六四	四四	二四	〇四	八三	六三
	二		一		〇		〇
五二	一〇	〇四	四一	六四	五一	五一	六四
二	〇	二		一	〇		
七五	五三	四一	六四	八五	四四	一一	六二
	三			二	一		
四三	四一	七五	三三	二〇	五二	一五	三〇
	四			三	二	一	
二二	九〇	四五	三三	一〇	一二	七三	四四
		五		四	三	二	一
四一	〇一	三〇	六四	六一	四三	五四	三四
五			六	五	四	四	三
九五	二一	五一	六〇	一四	八五	〇〇	六〇
	六		七		六	五	四
一二	〇五	九〇	三一	八五	一二	〇三	六二
五					六	五	四
八〇	〇〇	九二	六四	三四	一二	五四	二五
三	四				五	五	四
九四	一三	〇一	四三	一四	五三	四一	一四
二		三			四		四
一三	六一	二五	〇二	六三	〇四	二三	五一
一		二			三		
〇三	一一	六四	五一	六三	七四	八四	四四
〇		一		二	三		
七四	二二	五五	五二	六四	四〇	三一	六一
	〇		一		二		
五一	八四	八一	七四	一一	一三	三四	二五
		〇		一	二		
一一	〇二	八四	五一	〇四	一〇	七一	〇三
			〇	一	〇	一	
七二	一〇	五二	〇五	五一	六三	四五	〇一

南　道黃　北

金星緯度立成

	自行定度	北				
		○六	八五	六五	四五	二五
度						
		五二	一四	五四	六四	八三
度	一八		三			三
分		八二	一五	二○	八○	六○
度	四八		二			
分		五二	七五	七一	二三	八三
度	七八	二			三	
分		七一	三○	四三	八五	八一
度	○九	一	二			四
分		七五	○五	四四	七二	八五
度	三九	一	二	三	四	
分		五一	四三	八三	九三	三○
度	六九	○	一	三	四	五
分		三一	四四	五○	四二	三三
度	九九		○	一	三	四
分		九四	二三	○五	八○	三二
度	二○百	一		○	一	二
分		○三	四五	○四	九四	六五
度	五○百		一		○	一
分		一五	○○	八○	八四	五四
度	八○百		一			○
分		九五	二二	一四	四○	○五
度	一一百	二		一		
分		二○	四三	三○	六二	二一
度	四一百			一		
分		九五	九一	六一	七四	四一
度	七一百				一	
分		七五	二四	三二	○○	六三
度	○二百				一	
分		九四	九三	六二	九○	七四
黃		南				

南

小輪心定度

○○	○二	○四	○六	○八	一○	一二	一四
一	二			二		一	
五六	○六	○八	○八	○二	○○	三一	一○
一				一			○
四九	五四	五三	五○	四七	三七	○九	四八
一				一		○	
四○	四一	三九	三二	二七	一五	四八	二九
一				一	○		
三二	三○	二四	一六	○八	五五	三一	一二
一				○			
二二	一八	一○	○二	五三	四○	一七	○一
一			○	○			
一三	○八	○○	四八	三八	二六	○四	一三
一	○			○			
○三	五六	四五	三六	二五	二四	○九	二三
○				○			
五三	四四	三三	二三	一一	○一	二一	四六
○				○			
四二	三一	一八	九○	○四	一五	三二	四六
○				○			
三二	一九	○六	○四	一八	二八	四二	五三
○				○			一
二一	○七	○六	一六	二九	三九	五二	○一
○				○			一
一一	○四	一八	二九	四一	四九	五八	○六
○				○		一	
○二	一六	二九	三九	四九	五七	○五	○九
				○			
一三	一八	四一	四九	五八	○三	一○	一一

道北

北　道黃　南

○三	八二	六二	四二	二二	○二	八一	六一
	二		一				○
二二	八○	○四	七一	四四	七○	三三	七五
	二		一				
五一	五○	四四	三二	二五	四二	二○	四三
一	二			一			
六○	一○	六四	九二	二○	八三	七○	四二
				一			
八五	七五	六四	三三	一一	八四	四二	三○
				一			
八四	八四	一四	○三	二一	二五	一三	四一
					一		
九三	一四	七三	二三	六一	四○	○四	五二
					一		
九二	三三	二三	九二	七一	八○	七四	四三
					一		
九一	五二	八二	六二	八一	九○	五五	四四
						一	
九○	七一	三二	六二	一二	三一	三○	四五
							一
八五	九○	六一	一二	八一	五一	八○	一○
○							
七四	○○	九○	五一	七一	七一	一一	七○
六二	○五	二○	九○	三一	六一	三一	○一
四二	九三	二五	二○	八○	三一	三一	二一
			○	一			
三一	八二	三四	四五	二○	八○	二一	二一

黃　北

六四	四四	二四	〇四	八三	六三	四三	二三
〇	一	一					
八四	五一	〇四	一〇	七一	〇三	三三	二三
	〇			一			
五二	〇五	五一	六三	四五	〇一	八一	一二
	〇	〇					
七〇	〇三	三五	六一	四三	二五	二〇	八〇
	〇		〇				
一一	一一	三三	六五	五一	五三	七四	六五
	〇		〇				
一二	二〇	五一	一四	〇〇	九一	二三	四四
	〇			〇			
一三	三一	六〇	九二	七四	六〇	一二	五三
	〇				〇		
九三	四二	六〇	三一	二三	三五	八〇	二二
	〇					〇	
七四	四三	九一	一〇	八一	九三	〇五	〇一
	〇						〇
七五	六四	二三	六〇	四〇	四二	一四	八五
一	〇						〇
三〇	五五	二四	六二	九〇	一一	八二	五四
	一						
八〇	二〇	一五	七三	一二	一〇	五一	三三
	一	〇					
〇一	六〇	八五	五四	一二	三一	四〇	二二
	一	一	〇				
二一	〇一	四〇	三五	一四	四二	八〇	〇一
	一		一				
一一	二一	八〇	〇〇	八四	二三	七一	〇〇

南　道

水星緯度立成引數，法同金星。

南				南	道黃	北
○六	八五	六五	四五	二五	○五	八四
六五	二四	三二	一 ○○	六三	一一	○二
九四	九三	六二	一 九○	七四	七二	一○
○四	四三	五二	一 三一	七五	九三	六一
二三	○三	五二	七一	一 四○	一五	一三
二二	二二	○二	五一	一 六○	五五	八三
三一	六一	○二	三一	一 八○	九五	六四
三○ ○	八○	一一	一一	九○	一 三○	二五
三五	○○ ○	五○	九○	九○	一 五○	八五
三四	二五	一○ ○	七○	○一	九○	一 五○
二三	三四	三○	二○ ○	八○	○一	八○
一二	三三	六四	七五 ○	六○	九○	一一
○一	四二	七三	○五	一○ ○	八○	二一
○○	二一	七二	一四	五五	三○ ○	○一
三一	二○	九一	四三	八四	九五	六○
北	道黃	南				

南

度定心輪小							自行定度
○一	八	六	四	二	○	度	
				一	○	度	初
八三	五三	七二	六一	二○	五四	分	
				一	○	度	三
六四	四四	九三	○三	六一	九五	分	
					一	度	六
三五	四五	○五	二四	一三	五一	分	
一		二			一	度	九
八五	一○	○○	六五	四四	九二	分	
			二		一	度	二一
○○	六○	九○	六○	八五	五四	分	
一				二	一	度	五一
九五	八○	四一	五一	○一	八五	分	
					二	度	八一
○○	一一	一二	四二	○二	○一	分	
一					二	度	一二
三五	九○	一二	八二	九二	二二	分	
	一				二	度	四二
七四	四○	一二	○三	四三	一三	分	
	一				二	度	七二
七三	七五	○二	三三	二四	二四	分	
	一				二	度	○三
八二	一五	七一	六三	七四	一五	分	
	一				二	度	三三
一一	八三	○一	三三	七四	七五	分	
○		一			二	度	六三
二五	三二	九五	五二	七四	九五	分	
○		一		二	三	度	九三
一三	五○	五四	六一	三四	○○	分	
	○	一			二	度	二四
五○	三四	七二	二○	五三	六五	分	

黃南　　南

六二	四二	二二	〇二	八一	六一	四一	二一
							一
三二	一二	一四	五四	六四	五四	四四	四四
							一
六〇	一二	一三	六三	二四	四四	六四	八四
〇							一
九四	五〇	七一	五二	五三	二四	七四	二五
	〇					一	〇
二三	八四	三〇	四一	九二	九三	六四	四五
			〇				一
〇一	九二	五四	八五	六一	〇三	〇四	三五
			〇				一
七〇	一一	八二	二四	四〇	〇二	四三	八四
				〇			一
五二	八〇	一一	六二	一五	九〇	七二	五四
					〇		一
五四	九二	一一	七〇	二三	四五	四一	五三
一						〇	一
一〇	八四	〇三	二一	五一	八三	九五	三二
	一					〇	一
一二	九〇	二五	四三	六〇	〇二	四四	〇一
		一					〇
八三	〇三	三一	六五	七二	〇〇	七二	七五
			一				〇
五五	〇五	六三	〇二	〇五	二二	五〇	八三
	三			一			〇
八〇	八〇	七五	三四	五一	七四	八一	五一
			二		一		〇
〇二	五二	九一	七〇	一四	四一	五四	七〇
				二		一	〇
〇三	〇四	九三	二三	八〇	二四	二一	六三

北　道

北　　道黃　　南

二四	〇四	八三	六三	四三	二三	〇三	八二
	一					〇	
六三	一二	九五	五三	五〇	一二	五四	七〇
		一					〇
〇四	七二	八〇	五四	七一	八〇	一三	〇五
		一					
二四	二三	六一	六五	〇三	七〇	五一	二三
			一				
三四	六三	三二	六〇	三四	〇二	一〇	三一
			一				
九三	六三	七二	三一	三五	四三	五一	八〇
				一			
四三	四三	八二	八一	二〇	五四	八二	四二
				一			
八二	二三	九二	二二	〇一	六五	〇四	一四
					一		
六一	五二	五二	一二	三一	四〇	二五	九四
五〇	六一	九一	八一	六一	八〇	一〇	四一
〇							
九四	五〇	一一	六一	七一	六一	二一	〇三
	〇						
四三	二五	三〇	一一	八一	〇二	一二	五四
		〇					
五一	五三	九四	一〇	四一	一二	六二	八五
			〇			一	
八〇	五一	二三	九四	七〇	八一	九二	四〇
				〇		一	
五三	八〇	三一	四三	五五	三一	〇三	三一
一				〇		一	
二〇	七三	一一	四一	一四	五〇	六二	六一

南　　道黃　　北

北 黄道

八五	六五	四五	二五	○五	八四	六四	四四
			○		一		
四二	四○	○三	五五	八一	二三	一四	四四
			○		一		
一四	二一	四一	四四	八○	六二	九三	五四
一				○	一		
○○	○三	一○	九二	七五	七一	三三	三四
一				○	一		
八一	八四	○二	五一	五四	九○	九二	一四
	一				○		
九三	九○	○四	四○	八二	五五	八一	四三
	一				○		
六五	六二	七五	一二	二一	一四	七○	六二
二		一			○	○	
二一	四四	六一	九三	五○	六二	五五	七一
	二		一		○	○	
○三	四○	七三	○○	四四	七○	八三	三○
	二			一	○		○
四四	○二	四五	九一	六○	一一	一二	八四
三		二		一	○		
○○	九三	五一	○四	八二	二三	二○	○三
三			二	一	○		
四一	七五	六三	○	八二	四五	九一	三一
	三			二	一		
六二	二一	四五	四二	二五	八一	二四	○一
		三		二	一	一	
三三	四二	二一	四四	五一	一四	六○	五三
			三		二		一
九三	五三	七二	三○	八三	七○	三三	一○
				三	二	二	
二四	四四	○四	二二	一○	四三	一○	○三

南

自行定度		小輪心定度			
	度	〇〇	二〇	四〇	六〇
二四	度	二			一
	分	六五	五三	二〇	七二
五四	度	二		一	
	分	七四	〇二	五五	四〇
八四	度	二		一	〇
	分	三三	一〇	八一	四三
一五	度	二	一	〇	
	分	三一	八三	八四	二〇
四五	度	一		〇	
	分	八四	八〇	六一	三三
七五	度	一	〇		一
	分	七一	四三	九一	八〇
〇六	度	〇			一
	分	五四	一〇	二五	八三
三六	度	〇		一	二
	分	三一	一三	〇二	三〇
六六	度	〇		一	二
	分	八一	八五	二四	一二
九六	度	〇	一		二
	分	三四	八一	七五	一三
二七	度	一		二	
	分	三〇	二三	五〇	一三
五七	度	一		二	
	分	七一	一四	八〇	七二
八七	度	一		二	
	分	六二	五四	五〇	八一
一八	度	一			二
	分	〇三	一四	七五	五〇
四八	度	一			
	分	九二	八三	六四	〇五

北

水星緯度立成

南

〇六
五四
一
三〇
一三
九三
九五
二
四一
九二
四四
五五
八〇
九一
七二
九二
〇三
六二

南

北　道黃　南

二二	〇二	八一	六一	四一	二一	〇一	八〇
		二	一	一			〇
九二	二三	八〇	二四	二一	六三	〇五	三四
			二		一		〇
七五	五五	三六	三一	四四	八〇	五二	六一
		三	二	二	一		
〇一	四一	二〇	三四	六一	一四	七五	七一
			三		二	一	
六一	八二	四二	一一	七四	五一	一三	〇五
			三	三		二	一
〇二	一四	五四	八三	八一	九四	八〇	七二
			三		三	二	
二一	二四	四五	五五	二四	六一	〇四	九五
二		三	四			三	二
三五	〇三	四五	〇四	七五	八三	五〇	八二
二		三	四			三	
六三	〇一	三四	〇〇	九五	七四	一二	八四
一	二		三			三	
〇五	九三	九一	三四	一五	四四	六二	九五
一		二	三				三
三一	四〇	〇五	一二	三三	三三	三二	一〇
〇	一		二			三	
四三	五二	四一	八四	五〇	二一	〇一	四五
	〇	一	二				
二〇	九四	一四	七一	九三	〇五	三五	二四
	〇		一				
四三	六一	八〇	六四	九〇	二五	三三	七二
一		〇	一		一		
〇〇	四一	七三	六一	一四	七五	〇一	八〇
一			〇				
三二	八三	〇一	八四	三一	二三	八四	九四

南　道黃　北

黃　北

八三	六三	四三	二三	〇三	八二	六二	四二
		〇		一			
一一	四一	一四	五〇	六二	六一	〇三	〇四
			〇	一			
九三	一一	一二	九四	七一	二一	三四	二五
一			〇	一			二
二一	一四	五〇	〇三	三〇	二〇	〇三	八五
	一			〇	一		二
五四	五一	五三	三〇	三四	六四	二二	七五
二		一		〇	一		二
二二	〇五	八〇	七二	八一	七一	七〇	一五
	二		一		〇		二
四五	四二	三四	〇〇	三一	〇五	二四	五三
三		二	一		〇	一	
〇二	三五	五一	三三	五四	二一	〇一	七〇
	三		二	一	〇		一
〇四	六一	二四	五〇	七一	七二	三三	五三
		三	二		一		〇
八四	二三	三〇	一三	八四	八〇	八〇	六五
		三		二	一		〇
七四	八三	八一	一五	三一	二四	五四	六一
			三		二	一	
七三	五三	五二	四〇	三三	二一	一二	三二
			三		二	一	
四二	九四	四二	二一	八四	七三	一五	五五
			三			二	一
八〇	七一	〇二	四一	六五	五五	五一	五二
二					三	二	
六四	二〇	二一	二一	〇〇	六〇	一三	七四
	二		三	二	三		二
五二	六四	一〇	六〇	九五	一一	二四	四〇

南 道

四五	二五	〇五	八四	六四	四四	二四	〇四
	三	三		二		一	
〇四	二二	一〇	四三	一〇	〇三	二〇	七三
	三		三		二		一
九四	八三	三二	〇〇	〇三	一〇	四三	五〇
	三		三		二		
三五	九四	九二	二二	七五	三三	八〇	八三
	三				三	一	二二
九四	四五	二五	一四	一二	四〇	〇四	二一
	三	四				三	
〇四	五五	二〇	八五	六四	二三	四一	九四
	三			四			三
四二	三四	〇〇	三〇	〇〇	三五	九三	九一
二	三		三		四		
一五	二二	六四	八五	三〇	三〇	七五	一四
	二			三		四	
六一	四五	三二	三四	六五	六五	四〇	四五
一	二	二					
六三	七一	〇五	六一	五三	五三	七五	六五
	一		二				
八五	八三	四二	四四	〇一	一三	三四	九四
〇	一	一		二			
〇二	〇〇	六三	五〇	四三	三〇	九一	一三
	〇	〇	一			二	
二一	四二	八五	一三	三〇	五三	五五	三一
	〇		〇	一			二
〇四	六〇	五二	八五	〇三	二〇	七二	〇五
一	〇		〇		一		
二〇	一三	三〇	八二	〇〇	二三	〇〇	五二
	〇			〇		一	
七一	〇五	八二	二〇	二三	〇四	三三	一〇

北 道黃 南

水星緯度立成

北			
			自行定度
二○	○○	度	
	一	度	一八
一四	○三	分	
	一	度	四八
八三	九二	分	
	一	度	七八
二三	七二	分	
	一	度	○九
八二	一二	分	
	一	度	三九
○一	二一	分	
○	一	度	六九
五五	一○	分	
	○	度	九九
三四	二五	分	
	○	度	二○百
八二	○四	分	
	○	度	五○百
四一	八二	分	
	○	度	八○百
○○	五一	分	
	○	度	一一百
八一	一○	分	
	○	度	四一百
一三	五一	分	
一	○	度	七一百
八四	一三	分	
一	○	度	○二百
二○	五四	分	
南			

南		
○六	八五	六五
六二	二四	四四
五一	七三	七四
二		
七五	五二	二四
二		
三三	七○	三三
	二	
二○	二四	六一
一		二
五二	八○	○五
○	一	
五四	一三	七一
	○	一
五○	一五	九三
		○
二三	一一	九五
一	○	
三○	四二	一二
一		
七二	三五	三一
	一	
五四	七一	二四
		一
六五	三三	五○
○○	四四	一二
一		
九五	八四	一三
北		

北

小輪心定度

八一	六一	四一	二一	〇一	八〇	六〇	四〇
〇			一			二	
七三	六一	一四	七五	〇一	八〇	五〇	七五
	〇						
〇一	八四	三一	二三	八四	九四	〇五	六四
		〇					
四一	二二	七四	八〇	五二	九二	五三	四三
			〇				
六三	一〇	四二	五四	四〇	〇一	八一	一二
						〇	
三五	三二	一〇	一二	一四	八四	九五	四〇
一							
九〇	〇四	八一	一〇	一二	九二	一四	八四
一							
二二	七五	六三	九一	〇〇	九〇	七二	三三
	一						
四三	二一	四五	七三	九一	〇一	五〇	七一
		一					
〇四	二二	七〇	二五	六三	六二	一一	一〇
			一				
六四	一三	八一	五〇	〇五	一四	七二	五一
〇五	九三	八二	九一	六〇	八五	五四	三三
						一	
二五	四四	六三	九二	九一	二一	〇〇	八四
〇五	六四	一四	七三	〇三	二五	四一	三〇
六四	六四	四四	四四	八三	五三	七二	六一

南　　道黃

四三	二三	〇三	八二	六二	四二	二二	〇二
			三	二		一	〇
二一	二一	〇〇	六〇	一三	七四	〇〇	四一
	三	二	三		二	一	〇
一〇	六〇	九五	一一	二四	四〇	三二	八三
		二	三		二		一
八四	八五	七五	五一	二五	九一	二四	〇〇
		二	三		二		一
三三	八四	一五	三一	五五	九二	三五	七一
		二	三	一		二	一
七一	五三	二四	七〇	三五	二三	三〇	一三
						二	一
〇〇	〇二	一三	八五	〇五	四三	一〇	一四
一						二	一
四四	八〇	二二	一五	六四	五三	五一	二五
	一					二	一
七二	三五	〇一	〇四	一四	五三	九一	九五
		一					二
三一	八三	八五	七二	一三	八二	七一	二〇
〇		一					三
六五	四二	五四	五一	一二	二二	五一	三〇
			一				二
九三	六〇	九二	七五	七〇	二一	〇一	三〇
	〇			一			二
四二	一五	五一	一四	三五	一〇	二〇	〇〇
		〇					一
九〇	六三	九五	四二	八三	八四	二五	二五
		〇					一
五〇	一二	五四	七〇	三二	六三	一四	五四

道黃　　南

黃　南　　　　　　　南

○五	八四	六四	四四	二四	○四	八三	六三
	○		一			二	
三○	八二	○○	二三	○○	五二	六四	二○
		○		一			三
八二	二○	二三	○四	三三	一○	五二	六四
			○		一		
八四	二二	六○	八三	八○	八三	四○	八二
				○		一	
五○	二四	六一	五一	三四	四一	三四	九○
一					○		一
七一	八五	五三	七○	○二	二五	二二	○五
	一				○	一	
六二	一一	○五	六二	○○	二三	二○	一三
		一				○	
五三	三二	五○	三四	八一	一一	二四	三一
			一				○
一四	三三	九一	○○	七三	七○	四二	五五
			一				○
二四	七三	七二	二一	九四	三二	八○	○四
				一			
二四	○四	五三	○二	二○	八三	八○	二二
一		一		一	○		
○四	三四	○四	一三	五一	三五	五二	五○
					一		
五三	二四	三四	八三	五二	三○	七三	九○
					一		
七二	七三	二四	二四	一三	二一	九四	三二
					一		
八一	二三	一四	四四	六三	一二	九五	五三

北

北			北	道
〇六	八五	六五	四五	二五
二		一	一	
〇〇	四四	一二	二〇	一三
		一	一	
九五	八四	一三	七一	〇五
		一		一
七五	〇五	九三	〇三	九〇
		一		
九四	九四	二四	七三	〇二
		一		
八三	一四	〇四	九三	八二
		一		
五二	二三	六三	九三	三三
		一		
四一	四二	一三	九三	七三
〇		一		
九五	三一	五二	六三	九三
	〇	一		
四四	九五	五一	八二	六三
	〇	一		
九二	六四	四〇	〇二	二三
		〇		
九〇	八二	〇五	〇一	七二
		〇	〇	
九〇	八一	六二	八五	八一
		〇	〇	
七二	七〇	九一	三四	七〇
		〇		〇
五四	四二	四〇	〇三	五五
南	道黃		北	

太陰黃道南北緯度立成

月離計都宮度爲引數。原本引數宮縱列首行，度橫列上行，分加減，作兩立成。內有加減分，即相挨兩度之較。今省去，合作一立成。

月離計都度
〇
一
二
三
四
五
六
七
八
九
〇一
一
二
三
四
五
六
七
八
九
〇二
一
二
三
四
五
六
七
八
九
〇三
右順

宮 二 宮 八		北 宮 一 南 宮 七			北 宮 初 南 宮 六		
加		加			加		
分	度	秒	分	度	秒	分	度
一二	四〇	六〇	一三	二〇	〇〇	〇〇	〇〇
四二		九三	五三		六一	五〇	
七二		九〇	〇四		二三	〇一	
九二		五三	四四		八四	五一	
一三		九五	八四		三〇	一二	
四三		〇二	三五		八一	六二	
六三		七三	七五	二	三三	一三	
八三		二五	一〇	三	七四	六三	
〇四		四〇	六〇		一〇	二四	
二四		二一	〇一		五一	七四	
四四		八一	四一		八二	二五	
五四		九一	八一		九三	七五	〇
七四		六一	二二		九四	二〇	一
九四		九〇	六二		七五	七〇	
〇五		九五	九二		四〇	三一	
二五		五四	三三		〇一	八一	
三五		七二	七三		五一	三二	
四五		五〇	一四		八一	八二	
五五		九三	四四		〇二	三三	
六五		〇一	八四		一二	八三	
七五		六三	一五		一二	三四	
八五		七五	四五	三	七一	八四	
九五	四	四一	八五	四	一一	三五	
〇〇	五	六二	一〇		三〇	八五	
〇〇		四二	四〇		三五	二〇	二
一〇		八三	七〇		一四	七〇	
一〇		七三	〇一		六二	二一	
二〇		三三	三一		〇一	七一	
二〇		四二	六一		一五	一二	
二〇		一一	九一		〇三	六二	
二〇	五〇	三五	一二	四〇	六〇	一三	二〇
宮 三 宮 九		北 宮 四 南 宮 十			北 宮 五 南 宮 十 一		
減		減			減		

北南	月離計度
秒	度
五三	三○
三○	九
○一	八
二七	七
四九	六
○六	五
一七	四
二四	三
二五	二
二二	一
一三	二○
五九	九
四○	八
一五	七
四五	六
一○	五
二九	四
四四	三
五二	二
五六	一
五四	一○
四六	九
三三	八
一四	七
五○	六
二一	五
四六	四
○五	三
一九	二
二七	一
三○	○
北南	左逆

太陰出入晨昏加減立成

日數	昏刻加差	月入加差	日數	晨刻減差	月出加差
一			十六	三度	三度
二	三度	三度	十七	三	四
三	三	四	十八	三	四半
四	三	四半	十九	三	五
五	三	五	二十	三	六
六	三	六	二一	三	六
七	三	六	二二	三	七
八	三	七	二三	三	七
九	三	八	二四	三	七
十	三	八	二五	三	八
十一	三	九	二六	三	八
十二	三	九	二七	三	九
十三	三	九	二八	三	九
十四	三	十	二九	三	十
十五	三	十	三十	三	

五星伏見立成

自行定度

		宮	度
土星	晨見	○○	二○
	夕伏	一一	一○
木星	晨見	○○	一四
	夕伏	一一	一六
火星	晨見	○○	二八
	夕伏	一一	○二
金星	晨見	○六	○三
	晨伏	一一	○六
	夕見	○○	二四
	夕伏	○五	二七
水星	晨見	○六	二五
	晨伏	一○	○九
	夕見	○一	二一
	夕伏	○五	○五

五星順留立成

小輪心定度				土星			木星			火星			金星			水星		
宮	度	宮	度	宮	度	分	宮	度	分	宮	度	分	宮	度	分	宮	度	分
○	○	○	○	○三	二三	○八	○四	○四	二三	○五	○七	二八	○五	一五	五五	○四	二七	三六
	六		二四						二四			二九			五五			三五
	一二		一八			○九			二五			三四			五六			三一
	一八		一二			一一			二七			四一			五八			二三
	二四		○六			一四			三○			五○		一六	○○			一二

一○	一一○	一七	三四	○八○二	○二	二六五八
六	二四	二一	三九	一八	○六	四三
一二	一八	二六	四四	三五	一二	一八
一八	一二	三一	五○	五六	一七	一八
二四	○六	三八	五七	○九一七	二一	二五五七
二○	一○○○	四五	○五○四	四二	二八	四一
六	二四	五二	一二	一○一○	三三	二五
一二	一八	二四○○	二一	三九	二八	○九
一八	一二	○七	三一	一一一○	四五	五四
二四	○六	一六	四○	四四	五○	三九
三○	九○○	二四	五○	一二一八	五五	二五
六	二四	三三	五九	五四	一七○四	一三

一二	一八	四一	○六○九	一三三一	一二	○九
一八	一二	五○	一八	一四○九	一九	五八
二四	○六	五八	二八	四七	二五	五五
四○	八○○	二五○六	三七	一五二五	三一	五四
六	二四	一四	四六	一六○三	三六	五四
一二	一八	二一	五四	三六	四二	二三五六
一八	一二	二八	○七○二	一七一○	四六	五九
二四	○六	三四	○九	三九	五一	二四○三
五○	七○○	三九	一五	一八○三	五五	○八
六	二四	四四	二○	二八	五八	一三
一二	一八	四八	○四	四六	一八○○	一九
一八	一二	五○	二六	五九	二○	二○

	二四		○六			五二			二八		一九	○八			○三			二二
六	○	六	○○	○三	二五	五二	○四		三○	○五		○九	○五		○四	○四		二二

五星退留立成

小輪心定度				土星			木星			火星			金星			水星		
宮	度	宮	度	宮	度	分	宮	度	分	宮	度	分	宮	度	分	宮	度	分
○	○○	○	○○	○八	○六	五二	○七	二五	三七	○六	二二	三二	○六	一四	○五	○七	○二	二四
	六		一四			五二			三六			三一			○五			二五
	一二		一八			五一			三五			二六			○四			二九
	一八		一二			四九			三三			一九			○二			三七
	二四		○六			四六			三○			一○		一三	○○			四八
一	○○	一一	○○			四三			二六		二一	五八			五八		○三	○二

〇六	二四	三九	二一	四二	五四	一七
一二	一八	三四	一六	二五	四八	三二
一八	一二	二九	一〇	〇四	四二	四七
二四	〇六	二二	〇三	二〇四三	二九	〇四〇三
二〇〇	一〇〇〇	一五	二四五六	一八	三二	一九
〇六	二四	〇八	四八	一九五〇	二七	三五
一二	一八	〇〇	三九	二一	二二	五一
一八	一二	〇五五三	二九	一八五〇	一五	〇五〇六
二四	〇六	四四	二〇	一六	一〇	二一
三〇〇	九〇〇	三六	一〇	一七四三	一二〇五	三五
〇六	二四	一七	〇一	〇六	五六	四七
一二	一八	一九	二三五一	一六二九	四八	五一

	一八		一二			一〇			四二		一五	五二			四一		〇六	〇二
	二四		〇六		〇四	〇二			三二			一三			三五			〇五
四	〇〇	八	〇〇	〇八	〇四	五四	〇七	二三	二三	〇六	一四	三五	〇六	一二	二九	〇七	〇六	〇六
	〇六		二四			四六			一四		一三	五七			一四			〇六
	一二		一八			三九			〇六			二四			一八			〇四
	一八		一二			三二		二二	五八		一二	五〇			一四			〇一
	二四		〇六			二六			五一			二一			〇九		〇五	五七
五	〇〇	七	〇〇			二一			四五		一一	五七			〇五			五二
	〇六		二四			一六			四〇			三二			〇二			四七
	一二		一八			一二			三六			一四			〇〇			四一
	一八		一二			一〇			三四			〇一		一一	五八			四〇
	二四		〇六			〇八			三二		一〇	五二			五七			三八

六
〇〇
六
〇〇
一
〇八
一
三〇
一
五一
一
五六
一
三八

西域晝夜時立成以午正太陽經度爲引數。

引數	初宮		一宮		二
	度	分	度	分	度
一	〇〇	〇四	一二	八一	五四
二	一〇	〇三	二二	二〇	六四
三	二〇	〇〇	二二	六四	七四
四	二〇	〇四	三二	〇三	八四
五	三〇	〇二	四二	四一	九四
六	四〇	〇〇	四二	九五	九四
七	四〇	一四	五二	四四	〇五
八	五〇	一二	六二	〇二	一五
九	六〇	一〇	七二	五一	二五
〇一	六〇	二四	八二	〇〇	三五
一	七〇	二二	八二	七四	四五
二	八〇	三〇	九二	四三	五五
三	八〇	三四	〇三	〇二	六五
四	九〇	四二	一三	七〇	七五
五	〇一	五〇	一三	五五	八五
六	〇一	六四	三三	三四	九五
七	一一	七二	三三	一三	〇六
八	二一	八〇	四三	九一	一六
九	二一	九四	五三	八〇	二六
〇二	三一	一三	六三	七一	三六
一	四一	二一	六三	六四	四六
二	四一	四五	七三	七三	五六
三	五一	六三	八三	七二	六六
四	六一	八一	九三	七一	七六
五	七一	〇〇	〇四	八〇	八六
六	七一	三四	一四	〇〇	九六
七	八一	六二	一四	二五	〇七
八	九一	八〇	三四	四四	二七
九	九一	一五	三四	六三	三七
〇三	〇二	四三	四四	九二	四七

六	宮	五	宮	四	宮	三	宮
度	分	度	分	度	分	度	分
一 一八	九五	一 五四	一〇	一 〇一	八一	五七	三二
二八	〇一	七四	七一	一一	五二	六七	七一
三八	一二	八四	九二	二一	一三	七七	一一
四八	二二	九四	一四	三一	七三	八七	五〇
五八	三四	〇五	三五	四一	四四	九七	〇〇
七八	七五	一五	五〇	六一	二五	〇八	七五
八八	四〇	三五	七一	七一	九五	一八	二五
九八	五一	四五	九二	八一	七〇	三八	八四
〇九	六二	五五	一四	九一	五一	四八	五四
一九	六三	六五	三五	〇二	三二	五八	一四
二九	七四	七五	五〇	二二	二三	六八	〇四
四九	七五	八五	八一	三二	一四	七八	八三
五九	八〇	〇六	〇三	四二	九四	八八	六三
六九	八一	一六	一四	五二	〇〇	〇九	五三
七九	九二	二六	三五	六二	九〇	一九	四三
八九	九三	三六	五〇	八二	九一	二九	四三
一 九九	九四	四六	七一	九二	〇三	三九	四三
二 一〇	八五	五六	九二	〇三	〇四	四九	五三
二〇	〇一	七六	一四	一三	〇五	五九	六三
三〇	〇二	八六	二五	二三	〇〇	七九	七三
四〇	〇三	九六	四〇	四三	一一	八九	九三
五〇	〇四	〇七	六一	五三	二二	九九	一四
六〇	〇五	一七	八二	六三	三三	一 〇〇	四四
八〇	〇〇	三七	六三	七三	四四	一〇	七四
九〇	〇一	四七	一五	八三	五五	二〇	九四
〇一	〇二	五七	二〇	〇四	七〇	四〇	四五
二一	〇三	六七	四一	一四	九一	五〇	八五
三一	〇四	七七	五二	二四	〇三	六〇	〇四
四一	〇五	八七	六三	三四	二四	七〇	八〇
二 五一	〇〇	一 〇八	七四	一 四四	三五	一 八〇	二一

宮	七	宮	八	宮	九	宮	十
分	度	分	度	分	度	分	度
○一	二 六一	四二	二 二五	八一	二 六八	二五	三 六一
○二	七一	五二	三五	○三	七八	六五	七一
○三	八一	六四	四五	一四	九八	二○	八一
○四	九一	八五	五五	三五	○九	六○	九一
○五	一二	九○	七五	五○	一九	一一	九一
○○	二二	一二	八五	六一	二九	三一	○二
○一	三二	二二	九五	七二	三九	六一	一二
○二	四二	四四	○六	八三	四九	九一	二二
○三	五二	六五	一六	九四	五九	一二	三二
○四	七二	八○	三六	○○	六九	四二	四二
○五	八二	九一	四六	○一	七九	四二	四二
一○	九二	一三	五六	○二	八九	五二	五二
一一	○三	三四	六六	○三	九九	六二	六二
一二	一三	五五	七六	一四	三 ○○	六二	七二
一三	三三	七○	八六	一五	三 一○	六二	八二
二四	四三	九一	○七	○○	二○	六二	八二
二五	五三	○三	一七	九○	三○	四二	九二
三○	六三	二四	二七	九一	四○	四二	○三
三一	七三	五五	三七	八二	五○	○二	一三
四二	九三	七○	四七	七三	六○	九一	二三
四三	○四	九一	五七	五四	七○	五一	二三
五四	一四	一三	六七	三五	八○	二一	三三
六五	二四	三四	八七	一○	九○	八○	四三
六○	三四	五五	九七	八○	○一	四○	五三
七一	五四	七○	○八	六一	一一	○○	五三
八二	六四	九一	一八	三二	一一	五五	六三
九三	七四	一三	二八	九二	二一	九四	七三
○五	八四	三四	三八	五三	三一	三四	七三
一○	九四	五五	四八	二四	四一	四三	八三
二一	二 一五	七○	二 五八	八四	三 五一	一三	三 九二

十一宮 分	十一宮 度	宮 分
九〇	三〇四	四二
二五	〇四	六一
四三	一四	八〇
七一	二四	〇〇
〇〇	三四	二五
二四	三四	三四
四二	四四	三三
六〇	五四	三二
八四	五四	三一
九二	六四	三〇
一一	七四	二五
二五	七四	一四
三三	八四	九二
七一	九四	七一
五五	九四	五〇
六三	〇五	二五
七一	一五	〇四
七五	一五	六二
八二	二五	三一
八一	三五	〇〇
九五	三五	五四
九二	四五	〇三
九一	五五	五一
〇〇	六五	〇〇
〇四	六五	六四
〇二	七五	〇三
〇〇	八五	四一
〇四	八五	八五
〇二	九五	二四
〇〇	三〇六	五二

晝夜加減差立成太陽宮度爲引數。

一宮 分	初宮 秒	初宮 分	引數
七一	一五	七〇	一
	一一	八	二
七	一三		三
八	一五	八	四
	一一	九	五
	三三		六
	三五	九〇	七
八	三一	〇一	八
九	三三		九
	四五	〇	〇一
	四一	一	一
	四三		二
	五五	一	三
九一	五一	二	四
〇二	五三		五
	五五	二	六
	四一	三	七
	四三		八
	三五	三	九
	二一	四	〇二
	一三		一
	〇五	四	二
	八〇	五	三
	六二		四
	三四	五	五
	一〇	六	六
	七一		七
	四三		八
	〇五	六	九
〇二	六〇	七一	〇三

宮	二	宮	三	宮	四	宮	五
秒	分	秒	分	秒	分	秒	分
二一	二○	四一	一五	五四	一一	○七	一四
三六		三八		四○		四	
五○		三四		二七		三	四
○五		三○		一四		二	五
一八		二五	五	○一		一	
三一		二○	四	四七		一	五
四三		一四		三四		二	六
五二		○八		二二		四	
○六	二○	○一	四	○九		六	
一七	一九	五三	三	五五		○八	六
二七		四六		四五		一二	七
三七		三七		三三		一四	
四五		二八		一一		二一	七
五四		一九	三	一○		二七	八
○二	九	○九	二	五九		三三	
○九	八	五九		四八		四七	八
一六		四八		三八		四九	九
二一		三七		二八	一	五四	
二七		二六		一九	二	○五	一九
三二		一五		一○		一三	二○
三六	八	○三	二	○一		二二	
三九	七	五五	一	五四		三一	○
四一		三八		四六		四一	一
四四		二六		四○	二	五二	
四五		一三		三三	三	○四	一
四六	七	○○		二七		一六	二
四六	六	四七		二二		二五	
四六		三四		一八		四三	二
四五		二○		一三	三	五七	三
四三	一六	○七	一一	一○	一四	一一	二三

九	宫	八	宫	七	宫	六	宫
分	秒	分	秒	分	秒	分	秒
五一	二四	八二	八一	一三	六五	三二	六二
五	六二		四二		六一	四	○四
四	八○	八	○三		六三		七五
四	八四	七	四三		六五	四	三一
三	九二		八三		五一	五	九二
三	八○	七	二四		四三		六四
二	七四	六	四		七五	五	四○
二	五二		六		二一	六	二二
一	三○	六	七		○三		九三
一	七三	五	七		八四	六	七五
○	六一	五	七		五○	七	六一
	一五	四	五		四二		五三
○一	七二	四	三		○四		四五
九○	七五	三	○四		六五	七	三一
九	五三		六三		一一	八	三三
八	四○	三	二三		八二		二五
八	五三	二	六二		三四		二一
七	六○	二	○二		八五	八	三三
七	○四	一	三一		一一	九	二五
六	三一	一	五○	一	五二		二一
	七四	○	六五	○	九三		三三
六	○二	○二	六四		六五	九二	三五
五	五三	九一	六三		四○	○三	四一
	二二	九	五二		五一		四三
五	四五	八	三一		六二		五五
四	四二	八	○○	○三	六三		五一
四	四五	七	六五	九二	六四		六三
三	四二	七	二三		五五	○	六五
	四五	六	六一		三○	一	六一
三○	四二	六	○○	九二	一一	一三	六三

宮	十宮		十一宮	
秒	分	秒	分	秒
五五	三○	三○	○○	○三
三二	二	七四		七三
三五		一三		四四
三二		六一	○	二五
三五	二	一○	一	一○
三二	一	八四		一一
四五		五三		二二
四二		二二		二三
五五		一一		四四
六二	一	一○	一	六五
八五	○	一五	二	九○
九二		二四		二二
○○		四三		五三
三五		七二	二	○五
五○		一二	三	五○
九三		六一		○二
二一		一一		六三
六四		七○	三	一五
一二		四	四	八○
六五		一		五二
二二		○	四	二四
八○		○	五	○○
五四		一		七一
二二		二		六三
○○		六	五	五五
九三		九○	六	三一
九一		三一		二三
九五		五一	六	一五
○四		八一	七	一一
二三	○○	四一	七○	一三

太陽太陰晝夜時行影徑分立成太陽太陰自行宮度爲引數。

引數	宮 度	初 ○○
	宮 度	初 ○○
太陽日行分	分 秒	五七○八
太陽時行分	分 秒	○二二三
太陽徑分	分 秒	三二二六
太陽影差	分 秒	○○○○
太陽比敷分	分 秒	○○
太陰日行分	分 秒	一二一二
太陰時行分	分 秒	三○三○
太陰徑分	分 秒	三○五○
太陰影徑分	分 秒	七九四九
太陰比敷分	分 秒	○○○○

○六	二四	五七○九					一四	三四	五一	五三	○一
一二	一八	一一		二七	○一		一五	三八	五三	八○○三	○四
一八	一二	一四		二八	○二	○一	一六	四○	五七	一六	一六
二四	○六	一八		三○	○四	○二	一八	四四	三一○一	三五	三二
一○○	一○○	五七二二	○二二三	三二三四	○○○七	○四	一二二一	三○五三	三一○七	八○五九	○○五五
○六	二四	三○	二四	三八	一一	○六	二五	三一○二	一四	八一二六	○一○五
一二	一八	三七		四一	一四	○八	二八	一○	二二	五八	三○
一八	一二	四五		四六	一八	一○	三二	二一	三二	八二三六	○二○○
二四	○六	五五	二五	五一	二三	一二	一三三七	三三	四二	八三一七	三○
二○○	十○○	五八○五	○二二五	三二五五	○○二九	一五	一二四二	三一四五	三一五五	八四○一	○三○○
○六	二四	一六	二六	三三○二	三四	一八	四八	五九	三二○八	四八	三○
二	一八	二七	二七	一○	三九	二一	五四	三二一四	二一	八五三九	○四○○
一八	一二	四○		一六	四七	二四	一三○○	二九	二四	八六三三	三五
二四	○六	五○	二八	二四	五二	二八	六○	四五	四七	八七三一	○五一○

三○○	九○○	五九○五	○二二八	三三三二	○○五九	三一	一三一三	三三○二	三三○五	八八三一	○五五○
○六	二四	一八	二九	四一	○一○六	二四	一九	一九	二一	八九四四	○六三○
一二	一八	三一		四八	一一	三七	二六	三六	三九	九○三九	○七○五
一八	一二	四四	三○	五六	一八	四○	三三	五三	五七	九一三六	四○
二四	○六	五七	三一	三四○三	二五	四三	四○	三四一○	三四一四	九二三二	○八一○
四○○	八○○	五九五九	○一三一	三四一○	○一三三	四六	一三四七	三四二七	三四三一	九三二七	○八四○
○六	二四	六○二一	○二三一	一六	三九	四八	五三	四二	四八	九四二一	○九一○
一二	一八	三二	三二	二一	四三	五○	五九	五七	三五○五	九五一三	四○
一八	一二	四二		二七	四八	五二	一四○四	三五一○	二一	九六○四	一○一○
二四	○六	五一	二二	三二	五二	五四	一○	二四	三七	五三	三五
五○○	七○○	六○五九	○二三二	三四三七	○一五六	五六	一四一三	三五三二	三五五二	九七五八	一○五五
○六	二四	六一○六	三三	四一	○二○○	五七	一五	三九	三六○三	九八一四	一一○八
一二	一八	一一		四四	○二	五八	一八	四五	一一	三七	二四
一八	一二	一五		四六	○四	五九	一九	四九	一四	四○	三六

二四	○六	一七		四七	○五	六○	二○	五○	一七	四五	三九
六○○	六○○	一八		四八	○六		一九	四八	一八	四七	四○

經緯加減差立成

經緯時三差，本合一立成，今因太密，將時差分另列一立成。

		時數	四	五	六
		時數	二十	一九	一八
九宮	緯	分			○二
		秒			○○
	經	分			○四
		秒			○○
八宮	緯	分			四一
		秒			○○
	經	分			六四
		秒			○○
七宮	緯	分			七○
		秒			一五
	經	分			八四
		秒			七四
六宮	緯	分		五○	五○
		秒		○○	三五
	經	分		八四	八四
		秒		○○	七四
五宮	緯	分		○一	九○
		秒		○四	七二
	經	分		八四	八四
		秒		三一	三五
四宮	緯	分	七一	六一	七一
		秒	○○	六四	一一
	經	分	五四	五四	六四
		秒	○○	四三	四三
三宮	緯	分	六二	七二	七二
		秒	○四	五一	五五
	經	分	九三	○四	一四
		秒	三一	○二	七二
右					

七	八	九	十	一一	一二	一三	一四
五二	七二	○三	五三	○四	二四	○四	五三
七四	七四	一四	八二	七二	五二	六二	八二
一四	二四	九三	一三	七一	○○	七一	一三
一二	七一	○三	八五	六○	○○	六○	八五
四一	六一	○二	六二	二三	八三	一四	一四
九三	八四	一五	○四	六三	五二	四二	九二
六四	六四	六四	○四	○三	三一	三○	九一
七三	二四	○三	七三	三四	○一	五三	四九
八○	九○	一一	六一	一二	九二	六三	九三
八四	七五	三五	四四	四四	九二	○三	四三
九四	九四	七四	三四	五三	一二	一○	二一
五四	四四	○五	一○	二○	五一	七二	九二
五○	六○	七○	九○	三一	一二	八二	五三
七五	四五	五五	三五	六五	一四	六三	五二
九四	九四	七四	一四	二三	五一	○○	三一
七四	七四	一五	七五	七○	二三	六三	三一
八○	八○	六○	七○	八○	三一	一二	七二
二五	八四	六五	二五	六四	五五	○四	六三
九四	九四	五四	七三	六二	○一	七○	九一
七五	六四	九四	五○	一一	三二	三一	一一
六一	三一	○一	七○	六○	九○	○一	八一
一○	七四	八四	二五	七五	○五	八一	四五
七四	六四	三四	四三	八一	三○	三一	七二
七二	七二	二二	八三	○二	○二	九二	二三
六二	一二	七一	三一	八○	六○	八○	三一
二四	八四	五四	五四	二五	六五	二五	五四
二四	三四	九三	一三	八一	○○	八一	一三
九三	五二	九二	七三	八三	○○	一二	七三
一七	一六	一五	一四	一三	一二	一一	十

	時數	二十	一九	一八	一七	一六	一五
九宮	緯			○二	五二	七二	○三
				○○	七四	七四	一四
	經			○四	一四	二四	九三
				○○	○二	七一	○三
十宮	緯			四三	五三	六三	○四
				○四	三三	八三	六二
	經			○○	五三	三三	○三
				○○	七○	七二	八○
十一宮	緯			八三	九三	○四	一四
				六二	七三	九三	九二
	經			○三	○三	九二	三二
				三一	四一	六一	二二
初宮	緯		○四	一四	一四	○四	八三
			○○	七二	八二	○三	一三
	經		九二	○三	○三	八二	一二
			○○	三○	五○	四○	一一
一宮	緯		九三	一四	○四	八三	三三
			七四	六二	八二	一二	○三
	經		七二	八二	○三	一三	七二
			三三	六二	五一	九○	七○
二宮	緯	五三	五三	六三	四三	○三	五二
		七一	七○	三三	一三	○三	九三
	經	七二	八二	九二	一三	四三	四三
		一四	三五	二五	四五	六三	二一
三宮	緯	六二	七二	七二	六二	一二	七一
		○四	五一	五五	二四	八四	五四
	經	九三	○四	一四	二四	三四	九三
		三一	○二	七二	九二	五三	九二
左	時數	四	五	六	七	八	九

時差加減立成

	時數	四	五	六	七	八
九宮	時分			一 七〇	一 九〇	一九
八宮	時分			一 八一	一 〇〇	一 一〇
七宮	時分			一 四〇	一 六〇	一 六〇
六宮	時分			一 五〇	一 七〇	一 七〇
五宮	時分		一 三〇	一 五〇	一 七〇	一 七〇
四宮	時分	六九	八九	一 〇〇	一 二〇	一 〇〇
三宮	時分	一 四〇	一 七〇	一 九〇	一九	二九
右	時數	二十	一九	一八	一七	一六

九	十	一一	一二	一三	一四	一五	一六
五八	九六	六三	〇〇	六三	九六	五八	一九
一〇〇	一五〇	五六	八二	八〇	二四	四六	五七
一三〇	二九	五七	六四	三〇	九二	〇五	二六
一三〇	〇九	九六	三三	一〇	八二	七四	〇六
八九	〇八	七五	二二	五一	一四	八五	七六
三九	四七	九三	七〇	九二	九五	四七	四七
五八	八六	〇四	〇〇	〇四	八六	五八	二九
一五	一四	一三	一二	一一	十	九	八

時數	九宮時分	十宮時分	十一宮時分	初宮時分	一宮時分	二宮時分	三宮時分	左時數
一七	一九〇	五七	四六	四六	六六	八六	一九	七
一八					一六	四六	一九〇	六
一九					九五	二六	一七〇	五
二十						九五	一四〇	四

太陰淩犯時刻立成

午時
辰初
卯正
卯初
寅正

分度	分度	分度	分度	分度	分度	後	午	前
十 ○四	三十 十三	十 ○三	三十 十二	十 ○二	三十 十一	分刻	時	分刻
五 五二	四 九二	四 二二	三 六二	三 ○二	二 四二	○初	酉初	○初
五 九二	五 三二	四 六二	四 ○二	三 四二	二 七二	五 二初		五 二三
○ 四三	五 七二	五 一二	四 四二	三 七二	三 一二	○一		○三
○ 八三	○ 一三	五 五二	四 八二	四 一二	三 五二	五 一一		五 二二
一 二三	○ 六三	五 九二	五 二二	四 五二	三 八二	○二		○二
一 七三	一 ○三	○ 三三	五 六二	四 九二	四 二二	五 二二		五 二一
二 一三	一 四三	○ 七三	五 九二	五 二二	四 五二	○三		○一
二 六三	一 八三	一 一三	○ 三三	五 六二	四 九二	五 二三		五 二初
三 ○三	三 二三	一 五三	○ 七三	○ ○三	五 二二	○初	酉正	○初
三 四三	二 七三	一 九三	一 一三	○ 四三	五 六二	五 二初		五 二三
三 九三	三 一三	二 三三	一 五三	○ 七三	○ ○三	○一		○三
四 三三	三 五三	二 七三	一 九三	一 一三	○ 三三	五 二一		五 二二
四 七三	三 九三	三 一三	二 三三	一 五三	○ 七三	○二		○二
五 二三	四 四三	三 五三	二 七三	一 九三	一 ○三	五 二二		五 二一
五 六三	四 八三	三 九三	三 一三	二 二三	一 四三	○三		○一
○ 一四	五 二三	四 三三	三 五三	二 六三	一 八三	五 二三		五 二初
○ 五四	五 六三	四 七三	三 九三	三 ○三	二 一三	○初	戌初	○初
○ 九四	○ ○四	五 二三	四 三三	三 四三	二 五三	五 二初		五 二三
一 四四	○ 五四	五 六三	四 七三	三 七三	二 八三	○一		○三
一 八四	○ 九四	○ ○四	五 ○三	四 一三	三 二三	五 二一		五 二二

分度	分度	分度	後	午	前	午	分度	分度
三十 十二	十 ○二	三十 十一	分刻	時	分刻	時	十 ○五	三十 十四
五 四三	四 五三	三 六三	○二	戌初	○二		○ 七三	○ 一三
五 八三	四 九三	三 九三	五 二二		五 二一		一 二三	○ 六三
○ 二四	五 二三	四 三三	○三		○一		一 七三	一 ○三
○ 六四	五 六三	四 七三	五 二三		五 二初		二 二三	一 五三
一 ○四	○ ○四	五 ○三	○初	戌正	○初	寅正	二 六三	一 九三
一 四四	○ 四四	五 四三	五 二初		五 二三		三 一三	二 四三
一 八四	○ 七四	五 七三	○一		○三		三 六三	二 八三
二 二四	一 一四	○ 一四	五 二一		五 二二		四 ○三	三 三三
二 六四	一 五四	○ 四四	○二		○二		四 五三	三 七三
二 九四	一 九四	○ 八四	五 二二		五 二一		五 ○三	四 二三
三 三四	二 二四	一 二四	○三		○一		五 四三	四 七三
三 七四	二 六四	一 五四	五 二三		五 二初		五 九三	五 一三
四 一四	三 ○四	一 九四	○ ○初	亥初	○初	寅初	○ 四四	五 六三
四 五四	三 四四	二 二四	五 二初		五 二三		○ 八四	○ ○四
四 九四	三 七四	二 六四	○ ○一		○三		一 三四	○ 五四
五 三四	四 一四	二 九四	五 二一		五 二二		一 八四	○ 九四
五 七四	四 五四	三 三四	○二		○二		二 二四	一 四四
○ 一五	四 九四	三 七四	五 二二		五 二一		二 七四	一 八四
○ 五五	五 二四	四 ○四	○三		○一		三 二四	二 三四
○ 九五	五 六四	四 四四	五 二三		五 二初	丑正	三 七四	二 七四

午後		午前		度分	度分	度分	度分	度分
分刻	時	分刻	時	十 〇五	三十 十四	十 〇四	三十 十三	十 〇三
〇初	亥正	〇初	丑正	四 一四	三 二四	二 二四	一 三四	〇 四四
五 二初		五 二三		四 六四	三 六四	二 七四	一 七四	〇 八四
〇一		〇三		五 一四	四 一四	三 一四	二 二四	一 二四
五 二一		五 二二		五 五四	四 五四	三 六四	三 六四	一 六四
〇二		〇二		〇 〇五	五 一四	四 〇四	三 〇四	二 〇四
五 二二		五 二一		〇 五五	五 五四	四 四四	三 四四	二 四四
〇三		〇一		〇 九五	五 九四	四 九四	三 八四	二 八四
五 二三		五 二初		一 四五	〇 四五	五 三四	四 三四	三 二四
〇初	子初	〇初	丑初	一 九五	〇 八五	五 七四	四 七四	三 六四
五 二初		五 二三		二 三五	一 三五	〇 二五	五 一四	四 〇四
〇一		〇三		二 八五	一 七五	〇 六五	五 五四	四 四四
五 二一		五 二二		三 三五	二 二五	一 一五	〇 〇五	四 八四
〇二		〇二		三 七五	二 六五	一 五五	〇 四五	五 二四
五 二二		五 二一		四 二五	三 一五	一 九五	〇 八五	五 七四
〇三		〇一		四 七五	三 五五	二 四五	一 二五	〇 一五
五 二三		五 二初		五 二五	四 〇五	二 八五	一 六五	〇 五五
〇初	子正	〇初	子正	五 六五	四 四五	三 二五	二 一五	〇 九五
				〇 一六	四 九五	三 七五	二 五五	一 二五
				〇 六六	五 三五	四 一五	二 九五	一 七五
				一 〇六	五 八五	四 六五	三 三五	二 一五

分度	分度	分度	分度	分度	分度	分度	分度
三十 十一	十 ○二	三十 十二	十 ○三	三十 十三	十 ○四	三十 十四	十 ○五
四 七四	○ ○五	一 二五	二 五五	三 七五	五 ○五	○ 二六	一 五六
五 一四	○ 四五	一 六五	二 九五	四 二五	五 四五	○ 七六	二 ○六
五 五四	○ 七五	二 ○五	三 三五	四 六五	五 九五	一 二六	二 四六
五 八四	一 一五	二 四五	三 七五	五 ○五	○ 三六	一 六六	二 九六
○ 二五	一 五五	二 八五	四 一五	五 四五	○ 七六	二 一六	三 四六
○ 五五	一 九五	三 二五	四 五五	五 九五	一 二六	二 五六	三 八六
○ 九五	二 二五	三 六五	四 九五	○ 三六	一 六六	三 ○六	四 三六
一 三五	二 六五	四 ○五	五 三五	○ 七六	二 一六	三 四六	四 八六
一 六五	三 ○五	四 四五	五 七五	一 一六	二 五六	三 九六	五 一六
二 ○五	三 四五	四 八五	○ 二六	一 五六	二 九六	四 三六	五 七六
二 三五	三 七五	五 二五	○ 六六	二 ○六	三 四六	四 八六	○ 二七
二 七五	四 一五	五 五五	一 ○六	二 四六	三 八六	五 二六	○ 七七
三 一五	四 五五	五 九五	一 四六	二 八六	四 二六	五 七六	一 一七
三 四五	四 九五	○ 三六	八六	三 二六	四 七六	○ 一七	一 六七
三 八五	五 二五	○ 七六	二 二六	三 七六	五 一六	○ 六七	二 一七
四 一五	五 六五	一 一六	二 六六	四 一六	五 六六	一 ○七	二 五七
四 五五	○ ○六	一 五六	三 ○六	四 五六	○ ○七	一 五七	三 ○七

校勘記

〔一〕北　北，原脫，據明史稿志一七曆志補。